In schweren Zeiten braucht man Glück

Erinnerungen 1939–1952

REIHE

ZEITGUT

In schweren Zeiten braucht man Glück

Erinnerungen 1939–1952

23 Geschichten und Berichte
von Zeitzeugen

Herausgegeben von Jürgen Kleindienst
& Ingrid Hantke

Zeitgut Verlag

Umschlagbild: Heimkehrer im zerstörten Berlin 1945.
Foto: Fritz Eschen, ullstein bild.
Umschlagbild unten: Ehrentraud Kirschstein (verh. Spichale) mit ihrer
Cousine 1950.
Foto: Familienalbum Ehrentraud Spichale, Berlin.

Die im Buch veröffentlichten Abbildungen und Dokumente stammen,
soweit nicht anders vermerkt, aus dem Privatbesitz der Verfasserinnen
und Verfasser.

Bibliografische Information Der Deutschen Bibliothek
Die Deutsche Bibliothek verzeichnet diese Publikation in der Deutschen
Nationalbibliografie; detaillierte bibliografische Daten sind im Internet
über http://dnb.ddb.de abrufbar.

© 2013 by Zeitgut Verlag GmbH, Berlin
Zeitgut Verlag GmbH
Klausenpaß 14, 12107 Berlin
Telefon 030 - 70 20 93 0, Telefax 030 - 70 20 93 22
E-Mail: info@zeitgut.de
Herausgeber: Jürgen Kleindienst & Ingrid Hantke
Textauswahl, Gesamtredaktion und Zusammenstellung: Ingrid Hantke
Lektorat: Ingrid Hantke, Barbara Jacob, Dr. Helga Miesch
Umschlaggestaltung: Daniel Kreisel, Berlin
Druck: GGP Media GmbH, Pößneck
Printed in Germany
ISBN 978-3-86614-215-2

www.zeitgut.de

Inhalt

Orte 7

Vorbemerkungen 9

Rita Braun
„Bitte kümmere Dich um meine Kinder!" 11

Helga Bödeker
Ein Fehlschuß 21

Erika Ludwig
Unglaubliche Geschichten 25

Eva Conrad
Die zwei Geburtstagstorten 34

Marianne Jacobs-Dahlmann
Eine Freundschaft fürs Leben 39

Ernst Haß
Charly, unser Oberheizer 44

Berthold Solowski
Die Uhr im Gips 48

Karl-Heinz Sommer
Hab Dank, mein Engel 55

Herbert Mildt
Halt auf freier Strecke 63

Elisabeth von Blumenstein
Ich sollte mit der „Gustloff" fahren 82

Helena Unterstein
Wir müssen doch zusammenbleiben! 86

Wolfgang Ross
Olle Rossis verlorene Jugend 99

Gisela Bertl
Das Häschen im Blätterhaus 114

Josef Marx
In schweren Zeiten braucht man Glück 117

Christian Kergel
Hoffnungslosigkeit und glückliche Fügungen 130

Raymonde Prior
Das Glück trägt einen Namen 141

Hildegard Pflügler
In der Sperrzeit unterwegs 150

Irmgard Wobst
Schutzengel 158

Liesel Hünichen
Fünf Säcke voll Kohlen 161

Karla Lang
Grenzgänger 166

Margarete Pinsker
Umzug mit Hindernissen 170

Waltraud Guthsmuths
Gebt sie frei! 176

Eva Bohnert
„Friedemann kommt!" 179

Verfasser 183

Aus dem Verlagsprogramm 188

Orte

A

Ahrensdorf 99
Albersloh 161
Amiens 48
Auxonne 141

B

Bad Kreuznach 130
Bad Salzelmen 34
Berlin 39, 86, 99, 158, 176
Biberach 117
Borkheide 99
Bösingfeld 166
Breslau 130
Bretzenheim 130
Brüssel 48

C

Chemnitz 130

D

Danzig 63
Den Haag 21
Deutsch-Eylau 86
Dijon 141
Duisburg 141

E

Einsiedel 130

F

Farchant 150
Frankfurt/Main 11
Frauenburg 63
Freudenstadt 117

G

Gardelegen 166
Garmisch 150
Goldbach 39
Görlitz 130
Goslar 130
Gotenhafen / Gdynia 82
Graudenz 86
Großbeeren 99
Güstrow 63

H

Halbe 99
Hamburg 179
Hammer 99
Hannover 25
Helzendorf 130
Herrsching 55
Hertogenbosch 48
Hildesheim 55
Hohen-Viecheln 39
Hoya 130

K

Kahlberg, Ostpreußen 63
Karlsruhe 39
Kehl/Rhein 117
Königs Wusterhausen 99
Königsberg 39
Köslin 114
Koszalin 114

L

Labiau/Deime 63
Liebenwalde 99
Lippe-Detmold 166
Lübeck 63

M

Magdeburg 34
München 82, 150
Münster 161

N

Neudorf, Westpr. 86
Neuendorf 166
Neustettin 86

O

Oberharmersbach 117
Oebisfelde 166
Offenbach 11
Oschatz 39

P

Preußisch Stargard 86

Q

Quingenberg 170

R

Raudnitz 86
Remscheid 34
Reppen/Eilang 55
Rzepin 55

S

Salzburg 82
Schijndel 48
Schulzendorf 99
Schwellin/Swielinow 114
Southampton 48
Stettin/Ostsee 55
Stuttgart 55

T

Töttelstädt 170
Trebbin 99

U

Unteressendorf, Allgäu 117

W

Weilheim 150
Wippra 25
Wittenberge/Elbe 158

Z

Zeulenroda 170

Vorbemerkungen

„Wo aber Gefahr ist, wächst das Rettende auch." Dieser Ausspruch von Friedrich Hölderlin könnte das Motto der 23 fesselnden Geschichten sein, die in diesem Buch versammelt sind. Es sind ungewöhnliche Erlebnisse aus der Kriegs- und Nachkriegszeit, die uns berühren und erschüttern. Sie erzählen von der Rettung in höchster Not, von kaum vorstellbaren Zufällen, von Momenten des Glückes, der Freude und der Erleichterung. Frauen, Männer und Kinder der Jahrgänge 1913 bis 1937 schildern, was ihnen damals die Kraft und die Hoffnung gab, scheinbar ausweglose Situationen zu meistern.

Die Zeitzeugen erlebten im Bombenkrieg und beim Fronteinsatz den Tod naher Verwandter, Freunde, Nachbarn und Kameraden. Sie berichten von Flucht und Vertreibung, von Gefangenschaft und Heimkehr und vom schweren Neuanfang. Manche nennen es Schicksal, andere glauben an göttliche Fügungen oder an den Beistand eines Schutzengels. Wieder andere halten es für Zufall oder meinen, sie hätten einfach „Schwein gehabt". Doch alle sind sich des Glücks bewußt, in schweren Zeiten, inmitten von Chaos und Tod, überlebt zu haben. Es sind nicht mehr viele Menschen, die heute davon berichten können. Doch ihre Erinnerungen sollten festgehalten werden, damit Geschichte lebendig bleibt. Seit 1998 hat sich der Zeitgut Verlag dieser Aufgabe verschrieben.

Ingrid Hantke & Jürgen Kleindienst, August 2013

[Bürgel, OT von Offenbach bei Frankfurt/Main,
Hessen;
1941 – 1944]

Rita Braun

„*Bitte kümmere Dich um meine Kinder!*"

Ich wurde am 15. Juni 1937 in Offenbach am Main geboren. Mein Vater war Katholik, meine Mutter Jüdin aus traditionsreicher Familie. Weil die Eltern sich nicht christlich hatten trauen lassen, wurde Vater exkommuniziert. Um uns drei Kinder – die Söhne, 1933 und 1941 geboren, und mich – vor den Auswirkungen des Nationalsozialismus zu schützen, wurden wir katholisch getauft.

Meine Eltern wohnten in Offenbach am Main mitten in der Stadt. Im April 1937 – meine Mutter war mit mir schwanger – zogen sie mit meinem Bruder Egon und meiner Oma mütterlicherseits nach Bürgel, weil sie glaubten, dort sicherer zu sein. Bürgel ist ein Ortsteil von Offenbach und war damals noch ländlich. Das Haus, in dem wir wohnten, stand ganz am Rande von Bürgel, ein bis zwei Kilometer vom alten Dorfkern entfernt. Eigentlich hätten wir hier ganz friedlich leben können, wenn nicht 1939 der Krieg ausgebrochen wäre.

1941 wurden die Luftangriffe immer stärker. Weil sich unweit von uns die große Chemiefabrik Oehler befand – später gehörte sie zu den Farbwerken Hoechst – gingen auch in unserer Nähe viele Bomben nieder. Während der Angriffe hatte ich große Angst und war nachts so schnell im Keller wie sonst niemand.

Meine Oma mußte uns 1942 verlassen und in ein Ghetto-Haus in Offenbach ziehen. Jeden Dienstag besuchte sie uns.

Sie legte den weiten Weg zu Fuß zurück, denn die Straßenbahn durfte sie als Jüdin nicht benutzen. An einem Dienstag kam sie nicht mehr. In jener Nacht soll ein Transport nach Auschwitz gegangen sein. Wir haben nie wieder etwas von ihr gehört.

In unserem Hause wohnte ein Schreiner, dem eine große Werkstatt gehörte. Als mit fortschreitendem Krieg die Bombardements immer bedrohlicher wurden, hatten sich die Männer zusammengetan und einen unterirdischen Bunker gebaut, der mit einem Holzstapel getarnt war, wie es viele auf dem Gelände gab. Dort verbrachten wir Tage und Nächte während der Angriffe. Am 23. Dezember 1942 und am 17. März 1943 gab es besonders schwere Bombardements. Als wir aus unserem Bunker kamen, brannte alles rings-

Unser Wohnhaus in der Ernst-Ludwig-Straße, heute Von-Behring-Straße 145 in Bürgel, ein Ortsteil von Offenbach am Main. Das Gebäude ist nur unwesentlich verändert worden. Meine Familie wohnte im zweiten Stock ganz links.

Das Foto zeigt meine Mutter Anneliese Heikaus geb. Levy, mit meinen beiden Brüdern und mir 1941. Ralf war ein halbes Jahr alt, Egon acht und ich vier Jahre alt. Das Bild begleitete unseren Vater nach dem Untertauchen bis nach Rußland, wo er zivilinterniert war.

herum, doch unser Haus stand ziemlich unbeschädigt da. Allerdings waren alle Fensterscheiben zerborsten, und eine Brandbombe war durch das Dach in unser Kinderzimmer geschlagen. Das Feuer konnte zwar gelöscht werden, aber ich habe diesen Raum bis Mitte 1946 nicht mehr betreten.

Nach dem großen Angriff auf Frankfurt und Offenbach am 17. März 1943 fühlten wir uns auch in Bürgel nicht mehr sicher und zogen nach Oberhessen in ein kleines Dorf, jedoch nicht nur wegen der Bomben. Es war auch eine Flucht vor dem Naziregime. Hier wußte niemand, wer wir waren. Mein älterer Bruder ging dort zur Hitlerjugend. Er wurde ein Vorzeigekind und ständig als vorbildlicher deutscher

Junge gelobt. Welch ein Hohn! Wir wohnten in einem alten
Schaustellerwagen. Im Herbst wurde es im Wagen so feucht
und kalt, daß mein jüngerer Bruder sehr krank wurde. Wir
mußten zurück nach Bürgel.

Demütigungen

In meiner Kindheit gab es Szenen, die ich erst als Erwachsene richtig deuten konnte; zum Beispiel: Meine Mutter ging
einkaufen. Oma wickelte gerade meinen Bruder auf dem
Küchentisch, als Mutter viel zu früh vom Einkaufen zurückkam und ganz schnell an der Küche vorbeihuschte. Sie
schloß sich im Schlafzimmer ein und weinte. Oma erzählte
mir, Mutti wäre vor ihrem Weggehen nicht auf der Toilette
gewesen und hätte sich deshalb unterwegs die Hosen naß
gemacht. Jetzt würde sie sich schämen. Aber Kinder haben
spitze Ohren und bekommen sehr viel mit. Aus den Ge-
sprächsfetzen der Erwachsenen können sie sich Mosaiksteinchen für Mosaiksteinchen zusammensetzen. So erfuhr
ich, was passiert war: Ortsgruppenleiter O., ein Nazi-Boß,
hatte unsere Mutter auf offener Straße geohrfeigt!

Und es blieb kein Einzelfall, später habe ich es selbst einmal von unserem Wohnzimmerfenster aus mit angesehen.
Solche und ähnliche Dinge wiederholten sich. Als jemand
meine Mutter auf der Straße anbrüllte, stand ich als Vier-
oder Fünfjährige dabei und verstand nicht, was gesagt wurde. Es mußte aber etwas Böses gewesen sein.

Einmal war ich mit meiner Mutter unterwegs. Plötzlich
rannte sie mit mir los in eine Toreinfahrt, drehte sich um
und nestelte an ihrem Strumpfband herum. Ich sollte mich
hinter sie stellen, damit es keiner sähe. Ich habe mich so
geschämt, weil es so lange gedauert hat und ich fürchtete,
jemand könne kommen. Erzählt hat mir meine Mutter, ein
Bulle sei los und hinter uns her. Viele Jahre später wurde
mir klar, was das für ein Bulle gewesen war. Die Sache mit
dem Strumpfband wiederholte sich noch öfter.

Drei Kinder allein

Es kam noch viel schlimmer. Am Abend des 3. Februar 1945 hatte unsere Mutter starke Kopfschmerzen. Eine Nachbarin – wir hatten, Gott sei Dank, zum Teil gute Nachbarn – brachte ihr Tabletten. Meine Brüder und ich gingen zu Bett. Ganz früh am nächsten Morgen hörte ich Stimmen auf dem Flur, schlief aber wieder ein. Als es Tag geworden war, vermißte ich meine Mutti. Sie sei ins Krankenhaus gekommen, erklärte mir mein großer Bruder.

Während eines Fliegeralarms am nächsten Vormittag lief er ständig zur Straßenbahn-Haltestelle, anstatt sich mit uns im Bunker aufzuhalten. Ich konnte seine Aufregung nicht verstehen und fand es blöd, daß er immerzu weinte. Erst später erfuhr ich, daß uns unser Ältester, damals zählte er 11½ Jahre, nur eine barmherzige Lüge erzählt hatte und unsere Mutter von der Gestapo abgeholt worden war. Nun mußten wir Geschwister zusammenhalten, denn auch unser Vater war fern von uns. Er lebte schon seit 1944 unter falschem Namen in Oberschlesien. Von dort ließ er seiner Familie Geld zukommen. Wie ihm das gelang, weiß ich nicht. Seine gute Stellung als Geschäftsführer bei Kaufhof in Offenbach am Main hatte er verloren, als er vor die Wahl Scheidung von seiner jüdischen Frau oder Kündigung gestellt worden war und sich für letzteres entschieden hatte. Er verschwand, weil ihm die Kolonne 99 bei der Wehrmacht, ein sogenanntes Todeskommando, drohte. Natürlich hoffte er, die Nazis würden seine Frau verschonen.

Wir Kinder waren jetzt also auf uns allein gestellt. Für mich bestand die Aufgabe darin, mich um meinen kleinen erst 3 ½ Jahre alten Bruder zu kümmern. Zur Nacht mußte ich ihm noch Windeln anlegen. Unser Großer sorgte für Essen. Der evangelische Pfarrer kam öfter zu uns und schaute nach dem Rechten. Auch Geld steckte er meinem Bruder zu. Der katholische Pfarrer ließ sich nie sehen, obwohl wir alle

drei katholisch getauft waren. Mutter hatte auch streng darauf geachtet, daß wir zur Kirche gingen, damit möglichst
wenig Leute etwas gegen sie sagen konnten. Sicher war der
katholische Pfarrer zu feige, nach uns zu sehen. Er hätte ja
Ärger bekommen können. Das war wenigstens Vaters Meinung, als er nach dem Krieg davon erfuhr.

Die Grünebaums

Nach einigen Tagen tauchte plötzlich eine fremde Frau bei
uns zu Hause auf und nahm uns mit. Sie lebte in einer Wohnung gemeinsam mit ihrer Mutter und ihrer gelähmten
Schwester. Frau Grünebaum, so hieß die damals 68jährige,
schlug zunächst die Hände über dem Kopf zusammen und
wollte dann nach längerem Zögern nur uns beiden Älteren
aufnehmen. Doch schließlich ließ sich Oma Grünebaum, wie
wir sie später nannten, von ihrer Tochter überreden, auch
dem Kleinen ein Obdach zu gewähren.

Tante Friedel – so hieß die Tochter für uns – ging arbeiten
und half abends ihrer Mutter, die kranke Schwester Rina zu
pflegen und für uns zu sorgen. Sie erledigte das, was die alte
Frau tagsüber hatte liegenlassen müssen. War dies ohnehin
schon eine schwere Aufgabe, so kamen ja auch noch die Bom-
bennächte und zum Teil Bedrohungen durch die Nazis hinzu.

Der dritte der Geschwister Grünebaum war Ernst, der im
selben Transport nach Theresienstadt wie unsere Mutter gewesen, aber geflohen war. Auch Mutter hatte er dazu überreden wollen. Sie traute sich aber nicht, steckte ihm jedoch
einen Zettel zu: „Bitte kümmere Dich um meine Kinder!"
Der Zettel existiert heute noch. Ernst lebte von da an im
Untergrund, hatte aber Kontakt zu seiner Schwester aufnehmen und die Bitte meiner Mutter weitergeben können.
Familie Grünebaum war eine evangelisch-jüdische Familie: Mutter und Töchter evangelisch und der Sohn Jude wie
sein Vater, der schon lange verstorben war. Vier Monate lebten wir bei Oma Grünebaum, Tante Friedel und Rina.

Während der Alarme gingen wir jetzt in den öffentlichen Bunker. Als Jüdin hatte Mutter diesen Bunker nicht betreten dürfen, und wir waren bei ihr geblieben. Ich kann mich gut erinnern, daß sie sagte: „Wenn ich sterbe, möchte ich meine Kinder bei mir haben."
Gegen Ende des Krieges gab es oft Alarm, tagsüber auch viele Tiefflieger, die auf uns schossen. Wir nahmen unseren kleinen Bruder immer in die Mitte und zogen los. Grünebaums konnten wegen der gelähmten Rina nicht in den Bunker. Sie blieben in der Wohnung. Es ist ihnen, Gott sei Dank, nie etwas passiert. Aber uns schickte Oma Grünebaum immer hin. Einmal verloren wir in der dunklen Nacht unseren kleinen Bruder. Einer dachte vom anderen, er hätte ihn an der Hand. Mein großer Bruder lief im ganzen Bunker umher und suchte. Ich weinte nur. Am nächsten Tag brachte uns eine Frau den Kleinen. Sie hatte ihn nachts ganz allein weinend im Dunkeln stehend gefunden. Tagsüber rannte ich mit ihm vor den Tieffliegern weg. Ich hatte solche Angst. Einmal fiel der Kleine hin und ich zerrte ihn auf dem Bauch hinter mir her. Ich ließ ihn aber nicht los.

Mein Kriegsende im Bunker

Aber auch diese schlimme Zeit ging vorüber. Am 8. Mai 1945 war Kapitulation und bei uns marschierten die Amerikaner ein. Alle Kinder waren auf der Straße, um die freundlichen, vor allem kinderlieben Amerikaner zu empfangen. Ganz schnell lernten die Kinder den Satz: „Have You chewing gum?" Die Soldaten warfen Kaugummi und andere Süßigkeiten mit vollen Händen aus ihren Jeeps.
So wurde es mir erzählt. Ich war nämlich nicht dabei. Wir saßen alle im Bunker, als es hieß „Die Amis kommen!"
Die letzten Schüsse verhallten, und alles stürmte hinaus. Ich nicht! Meine Angst war zu groß. Drei Tage und drei Nächte blieb ich im Bunker und war nicht zu bewegen hinauszugehen. Mein Bruder brachte mir Brot. Das teilte ich mir sorg-

sam ein. Ich steckte es in meine kleine Brottasche. Später
fing es an zu schimmeln, weil ich sparsam sein wollte.
Die Jugendlichen – ich sehe sie noch heute vor mir – gingen
hinaus und herein. Oben auf den Etagenbetten sangen sie Schla-
ger wie die „Capri-Fischer". Ich saß gegenüber im unteren Bett
und konnte ihre rhythmisch dazu wippenden Beine sehen.
Nach drei Tagen und vielem guten Zureden war ich endlich bereit, den Bunker zu verlassen.

Der liebe Gott hat uns doch nicht vergessen
Vier Wochen später, genau am 11. Juni, sollte ich meinen
Bruder vom Kindergarten abholen. Gerne kam ich sehr früh,
setzte mich zu den Kindern – ich war ja bald acht Jahre alt –
und spielte mit ihnen. Plötzlich sah ich drei Frauen, die durch
die hintere Glastür hereinschauten. Frau Krämer und Frau
Zimmer, zwei Nachbarinnen von uns, kannte ich. Doch wer
war die dritte Person?
Erst nach längerem Hinsehen erkannte ich sie – meine
Mutter! Ich war erstarrt und konnte nicht hingehen. Jetzt
kamen die drei herein. Die Schwester – es war ein katholi-
scher Kindergarten – schickte mich hin, ich sollte sie begrüßen. Das tat ich gehorsam, aber mechanisch. Erst als meine
Mutter mich in den Arm nahm, mich drückte und küßte,
löste sich meine Erstarrung und ich wußte, fühlte es: Unsere Mutti war wirklich wieder da!
Mein Bruder allerdings, knapp vier Jahre alt, wehrte sich
mit Händen und Füßen und schrie immer: „Du bist nicht
meine Mutti!"
Ich glaube, das war schlimm für sie.
Damals erfuhr ich auch, wie grausam Erwachsene sein können. Allen Leuten hatte ich immer erzählt, meine Mutti hätte
langes, schwarzes Haar bis zum Po und die Zähne seien groß
und toll. Die Erwachsenen hatten mir dann geantwortet, große Zähne seien häßlich. Als Mutti mich nun anlachte, stellte
ich fest, daß ihre Zähne gar nicht so groß waren wie in mei-

ner Erinnerung. Daß sie aber mit kurzen Haaren zurückkam, bedrückte mich sehr. Obendrein wurde ich von manchen Erwachsenen verspottet: „Du hast gelogen, deine Mutti hat ja ganz kurze Haare!"
Das traf mich wie ein Hieb. Später mußte ich oft daran denken. Meine Mutter hatte sich nach der Befreiung ganz fest
vorgenommen, bis zu meinem achten Geburtstag am 15. Juni
zu Hause zu sein. Befreit wurde sie von den Russen. Ein blin-
der Zufall hatte meiner Mutter das Leben gerettet. Noch zuletzt, erzählte sie, hätte die SS alle verbliebenen Häftlinge
von Theresienstadt in die Gaskammern getrieben. Die, in die
Mutter gepfercht wurde, war defekt. Die SS türmte, die Russen kamen und befreiten die Menschen daraus. Meine Mutter
und alle anderen durften gehen. Aber wie und wohin?
Natürlich Richtung Westen. Zu Fuß und zum Teil auf einem Lokomotivtender. Meine Mutter hatte nur ein Ziel vor
Augen: am 15. Juni zu Hause zu sein. Sie war schmutzig und
schwarz von der Kohle. So konnte ich sie natürlich nicht erkennen. Wie mein älterer Bruder reagiert hat, weiß ich nicht.
Ich kann mich überhaupt nicht daran erinnern, wann und wo
er sie das erste Mal getroffen hat.
Über diesen kurzen Bericht hinaus sprach meine Mutter
nie über ihre Erlebnisse im KZ. Meine Brüder und ich haben
auch nicht danach gefragt, es war für uns ein Tabuthema.
Heute wissen wir, daß unsere Mutter stark traumatisiert war.
Als Einzige ihrer Familie hatte sie den Holocaust überlebt.
Die letzten Jahre vor ihrem Tod litt sie sehr unter ihren Er-
innerungen. Sie starb 1971 im Alter von 70 Jahren.

Ein alter, dünner Mann
Was wurde nun aus unserem Vater?
Es war kurz vor Weihnachten 1945, wir Kinder lagen schon
im Bett. Die Wohnungstür war angelehnt, weil Mutter zur
Nachbarin gegangen war. Plötzlich tauchte ein alter, dün-
ner, schmutziger Mann mit einem Bart auf. Mein großer

Bruder und ich hatten Angst, nur unser Jüngster mit seinen jetzt 4½ Jahren rief: „Das ist Papi!"

Der Fremde sprach kein Wort mit uns und legte sich ins Ehebett. Trotz unserer Angst schliefen wir ein. Am nächsten Morgen kam Mutter zu uns ins Zimmer und bestätigte die Behauptung unseres kleinen Bruders: Unser Vater war heimgekehrt. Der Mann wusch und rasierte sich. Er war schrecklich abgemagert und wog nur 48 Kilo. Wir waren noch eine Weile skeptisch, aber irgendwann erkannten wir doch unseren Papi, taten es unserem kleiner Bruder nach und umarmten ihn.

1946, am Weißen Sonntag, gingen mein großer Bruder und ich zur ersten Heiligen Kommunion. Alle unsere Verwandten kamen nach langer Reisezeit und mit Visum versehen aus der englischen Besatzungszone zu uns. Es gab sogar Kuchen aus dunklem Mehl.

Danach wurde unser Vater sehr krank und mußte ins Krankenhaus. Ich brachte ihm jeden Tag zusätzlich zur kärglichen Krankenhauskost Suppe ans Krankenbett, die ich in der jüdischen Gemeinde in Offenbach bekam. Mit einer Milchkanne fuhr ich mit der Straßenbahn von Bürgel nach Offenbach, ging dann zu Fuß zur Jüdischen Gemeinde und von dort einen weiten Weg bis zum Krankenhaus. Meine Mutter, die arbeiten mußte, konnte mir damals Neunjährigen den Weg nur einmal zeigen.

Aber Vater wurde gesund und mit unserer Familie ging es bergauf. Später ging es uns allen dann sehr gut. Meine Mutter engagierte sich nach dem Krieg politisch. Sie wollte mithelfen, daß Ähnliches, wie geschehen, sich niemals wiederhole.

[Grebbelinie*) – Den Haag, Niederlande;
1940]

Helga Bödeker

Ein Fehlschuß

Am 13. November 1940 veranstaltete die deutsche Artillerie im besetzten Holland ein Probeschießen mit neuer Munition. An der holländischen Grebbelinie, einer Verteidigungslinie (Peel-Stellung), wurde dafür ein geeigneter Platz ausgewählt. Es war ein morastiges Gelände zwischen zwei Waldrändern, die etwa einen Kilometer Luftlinie auseinander lagen. An einem Waldrand war die Batterie postiert. Sie schoß auf ein Ziel am gegenüberliegenden Waldrand. Etwa in der Mitte der Schießbahn war ein Rondell aufgestellt worden, zu dem ein relativ schmaler Trampelpfad führte. Auf diesem Rondell versammelte sich ein Großteil der Crème de la crème des ehemals kaiserlichen Artillerie-Offizierkorps. Die hohen Offiziere beobachteten durch ihre Feldstecher die bemerkenswerte Treffergenauigkeit und die Brisanz der Treffer der neuen Munition. Die Ellipse der Geschoßbahn verlief über ihren Köpfen, und vom Einschlag waren sie weit genug entfernt – bis zu dem Moment, als ein Volltreffer punktge-

---

*) Die Grebbelinie war Teil einer alten niederländische Verteidigungslinie, die vom Gelderland, dem Niederrhein zum Grebbeberg bis zum Ijsselmeer führte. Als natürliche Verteidigungsbarrieren der „Holländischen Wasserlinie" dienten Flüsse und Kanäle, mit deren Hilfe binnen weniger Tage Teile des Landes überflutet (Inundation) und mögliche Gegner aufgehalten bzw. eingeschlossen werden konnten.

nau in dieses Rondell einschlug! Er erledigte mit einem einzigen Schlag, was der Erste Weltkrieg vom ehemaligen Haupt der kaiserlichen Artillerie übriggelassen hatte. 19 Tote und etliche Verletzte waren die Opfer.

Es war nur einem glücklichen Zufall zu verdanken, daß mein Vater überlebte und zu den Verwundeten gehörte, weil er nur wenige Augenblicke zuvor die Gruppe umrundet hatte, um einen ehemaligen Weltkriegskameraden zu begrüßen, den er am Rande der Beobachtergruppe entdeckt hatte. Das Geschoß schlug genau dort ein, wo er sich soeben noch befunden hatte! Die beiden Herren standen sich kaum gegenüber, als der Einschlag erfolgte. Dem Kameraden meines Vaters wurde ein Arm teilweise abgerissen. Mein Vater glaubte sich unverletzt. Er band dem anderen mit seinen Hosenträgern den Armstumpf ab. Dann schulterte er ihn und trug ihn zu den wartenden, total verstörten Ordonnanzen bei den Fahrzeugen am anderen Ende des Trampelpfades. Daß auch er verwundet war, sagte ihm erst sein Fahrer. Hinter sich ließ er das entsetzliche Gewirr zerfetzter Körper und verstreut liegender Orden Pour le mérite. Vater sagte später, daß dies das größte Schlamassel gewesen sei, was er in beiden Weltkriegen bis dahin erlebt hatte.

Da mein Vater seinen für den 13. Dezember genehmigten Heimaturlaub nun im Lazarett verbringen mußte, um seine von Splittern perforierte rechte Seite auszukurieren, erhielten meine Mutter und ich zu Weihnachten die Genehmigung zu einer Reise von Bremen nach Den Haag, wo wir mit ihm gemeinsam in seinem Quartier im Schloß der Gräfin Bylandt das Weihnachtsfest begehen konnten. Während dieser Zeit tat mein Vater zwei erstaunliche Dinge: Zum einen sprach er mit uns über dieses schreckliche Ereignis, indem er uns gleichzeitig vergatterte, unbedingt darüber den Mund zu halten, und zum anderen setzte er sich ans Steuer und fuhr mit mir zum Ort des Geschehens. Zwar war dort Sperrgebiet, aber wir konnten passieren. Wir stiegen sogar aus und besuchten den versteckt liegenden Friedhof der Opfer dieses Unglücks. Dort lagen nun also die 19 Generäle und hohen Stabsoffiziere Seite an Seite in Reih' und Glied. Vater zeigte mir auch die Unglücksstelle. Ich war damals zwölf Jahre alt und konnte mir nach seiner Beschreibung alles plastisch vorstellen.

Nun wartete mein Vater darauf, daß eine Untersuchung der Tragödie, der Umstände dieses Kurzschusses, stattfinden würde. Diese gab es jedoch nicht. Statt dessen wurde alles totgeschwiegen.

Am 6. Dezember 1944 wurde mein Vater mit dem Verbot aus der Wehrmacht entlassen, seine Uniform zu tragen. Beim Volkssturm war er dann aber wieder willkommen. Nach dem

Das Foto zeigt mich, zwölfjährig, 1941 in Den Haag, wo mein Vater seine Verwundung kurierte.

Mein Vater zeigte mir die Gräber der 19 Generäle und hohen Stabsoffiziere der deutschen Artillerie, die am 13. November 1940 bei dem Fehlschuß an der Grebbelinie ums Leben kamen.

Krieg hat er manchmal den Verdacht geäußert, daß das Massaker an der Grebbelinie der obersten Kriegsführung wohl ganz willkommen gewesen war, denn nun konnten die freigewordenen Positionen durch nachrückende jüngere Offiziere besetzt werden, die sicher zum Teil bereits nationalsozialistisch indoktriniert waren. Dieses Massaker blieb bisher historisch wenig beachtet. Ich habe im Laufe der Jahre gelegentlich davon berichtet und stieß regelmäßig auf Unkenntnis. Das wollte ich mit diesem Beitrag ändern.

Seinerzeit empfand ich es als große Ehre und Vertrauensbeweis meines Vaters, daß er mir Einblick in diese Tragödie gewährte. Das Bild vom Ort des Geschehens und vom Friedhof hat sich mir auf diese Weise tief eingeprägt.

[Wippra, Südharz – Hannover, Niedersachsen;
1942–1945]

Erika Ludwig

Unglaubliche Geschichten

Ich war ein Kind der Harzer Berge – immer fröhlich. Hätte ich nicht meine Eltern schon früh verloren, ich wäre wunschlos glücklich gewesen. Mein Zuhause war im wunderschönen kleinen Luftkurort Wippra im Südharz, einem Ort, in dem noch fast ein Jeder jeden kannte. Als ich 19 Jahre alt war, kam ich zum Kriegshilfsdienst nach Hannover. Eigentlich hatte ich mir geschworen, nie mehr an jene Kriegszeiten zurückzudenken. Ein Bericht aus der Zeitung hat mich aber wachgerüttelt. Nun denke ich, mein Schutzengel, der mir ein Leben lang treu zur Seite stand, hat ein Dankeschön verdient. Er hat mich schon oft vor schlimmen Situationen bewahrt und mir das Leben gerettet. Drei Beispiele aus Kriegszeiten will ich hier erzählen.

In der Straßenbahn 1942 oder Wenn das Herz spricht
Februar 1943. Ich leistete meinen Kriegshilfsdienst als Straßenbahnschaffnerin. Es war ein häßlicher, naßgrauer Tag mit Schneetreiben und bitterkalt. Ich hatte Dienst, als aus Polen ein Transport Zwangsarbeiter und -arbeiterinnen nach Hannover zur Endstation meiner Linie 1 in eine alte Holzbaracke gebracht wurde. Das einzige Mobiliar darin waren einige alte Kartoffelkisten. Diese umgedreht, ein Stück Pappe darauf – das waren ihre Tische. Rundherum lagen Strohballen mit ein paar alten Wolldecken – das waren die Betten,

und an den Wänden befanden sich ein paar eingehauene
Nägel, an denen sie ihre wenigen Sachen aufhängen konnten. Die meisten Fenster waren, von den vielen Bombenan-
griffen beschädigt, sie waren nicht mehr verglast, sondern
nur noch mit Pappe zugenagelt. Ein kleines Kanonenöfchen
mußte für den ganzen Raum reichen. Hier herrschten wirklich große Armut und Kälte, und es ging mir ans Herz, wenn
ich diese armen Menschen sah. Sie mußten schwer arbeiten,
in diesen schrecklichen Unterkünften leben und wurden dafür auch noch als Lumpengesindel bezeichnet.

Zwei ältere Ehepaare fuhren öfter in meinem Abteil zur
Arbeit. Eine der beiden Frauen hatte ein so hübsches Profil
und ganz zarte Gesichtszüge, sie sah fast aus wie einst meine Mutti. Immer, wenn ich die alte Frau sah, wurde ich an
meine Mutter erinnert, was mich tief berührte, denn meine
Eltern waren ja schon lange tot.

*Das Foto zeigt mich als Straßenbahnschaffnerin mit dem Fahrschein-
block und der Umhängetasche mit Wechselgeldbox.*
*Foto links: Die Bescheinigung über meine Tätigkeit bei der Straßenbahn
Hannover AG vom 30. März 1942 bis 22. Februar 1944, die ich im Rah-
men des Kriegshilfsdienstes leistete.*

Polen und Juden durften nur auf dem Vorderperron fahren, doch da war es doppelt zugig und kalt. Trotz dieser Bestimmung beschloß ich, die zwei alten Frauen in einer Ecke im Innern meines Wagens sitzen zu lassen. Sprechen durften wir nicht mit ihnen, aber durch Augenzwinkern gab ich Bescheid, daß sie dort einsteigen sollten. Ich habe ihnen auch immer mein Frühstück auf ihren Platz gelegt. Ein dankbarer Blick genügte mir. Ich brauchte an der nächsten Endstation nicht zu hungern, denn meine Kollegen teilten brüderlich. Sie hatten längst begriffen, wo mein Frühstück geblieben war. Bei uns herrschte eine gute Kameradschaft. Das ging so eine ganze Weile gut.

Dann nahm das Schicksal seinen Lauf. Es fing schon vierzehn Tage vorher an. Ein gut gekleideter und wohlgenährter Herr stieg in mein Abteil, zeigte mir ganz kurz seine Monatskarte und steckte sie schnell wieder weg. Ich bat ihn, mir die Karte noch einmal zu geben: „So schnelle Augen habe ich nicht."

Da wurde der Herr patzig, und ich drohte: „Entweder Sie zeigen sie mir, ansonsten steigen Sie mitten auf der Strecke aus!"

Der Herr ließ es darauf ankommen. Als ich das Notsignal gab und ihn aufforderte „Bitte aussteigen!", lachte er hell auf.

„Das ist mir noch nie passiert!", rief er aus und zeigte mir nun endlich doch noch seinen Ausweis. Ich erschrak: Der Mann war der erste Direktor, der Allgewaltige der Straßenbahn von Hannover!

Ich wurde natürlich knallrot und entschuldigte mich. Aber wieder lachte er nur, und ehe er ausstieg, kam er noch einmal zu mir, legte seine Hand auf meine Schulter und sagte: „Mädchen, das hast du gut gemacht."

Vierzehn Tage später kamen sechs vollgefressene Parteigenossen in mein Abteil. Fünf fanden Platz, der Sechste mußte stehen. Nun entdeckte ausgerechnet der die zwei Polenfrauen in ihrer Ecke. „Was hat das Gesindel hier drin

zu suchen?" machte er sich wichtig und wurde gemein. Da sprang ich wie eine Glucke vor die Frauen und sagte ihm ins Gesicht: „Sie können von mir aus die ganze Welt bestimmen, aber hier ist mein Reich, und hier bestimme ich."
Bösartig fauchte er: „Das Weib gehört ins KZ!"
Oh Schreck, da hatte ich ja in ein Wespennest gestochen! Ich war an den Stab von Gauleiter Lauterbacher geraten. Vorn mußten zum Glück die Polen gerade aussteigen und hinten kam zur gleichen Zeit der Kontrolleur herein. Für mich sah es böse aus. Die Kerle verlangten im Ernst, ich gehöre ins KZ. Ich konnte es nicht ändern. Bei mir hatte das Herz gesprochen und nicht der Verstand – nun macht Meldung!

Als die Herren ausgestiegen waren, nahm mich der Kontrolleur in den Arm und sagte: „Mädchen, du tust mir leid. Noch nie hast du einen Fehler gemacht. Wir waren alle stolz auf dich, aber die Männer haben deinen Namen und deine Nummer aufgeschrieben. Du mußt mit dem Schlimmsten rechnen."

Es vergingen wieder vierzehn Tage. Vor lauter Angst konnte ich nichts mehr essen, ich magerte immer mehr ab. Schließlich wurde ich zum Direktor bestellt. Als ich dem gemeldet wurde und eintrat, schaute er zum Fenster hinaus und brüllte, daß die Wände wackelten. Ich stand hinter ihm. Antworten konnte ich sowieso nicht, denn ich hatte einen dicken Kloß im Hals. Mein Herz war in die Hose gerutscht. Da ich nun gar keine Antwort gab, drehte er sich um und sah mich an. In einer ganz anderen Tonart sagte er plötzlich: „Das darf doch nicht wahr sein! Mädchen, das mußt du mir erst einmal erzählen."

Ich zeigte auf meinen Hals.: „Ich kann nicht sprechen."

Der Direktor rief seine Sekretärin und ließ Kaffee kochen. Er nahm sich Zeit und ließ mir Zeit. Nach dem Kaffee erzählte ich ihm dann, wie und was passiert war. Ich sagte wieder: „Bei mir hat nur das Herz gesprochen und nicht der Verstand. Das hatte nichts mit der Partei oder mit Politik zu tun."

So ähnlich hatten es wohl auch mein Dienstvorsteher und der Kontrolleur dem Direktor erzählt. Auf jeden Fall nahm der Direktor sämtliche Schriftstücke über den Vorfall, zerriß sie in kleine Schnipsel und warf sie in den Papierkorb. „Mädchen, nur eines mußt du mir versprechen, daß so etwas nicht nochmal passiert. Melde dich morgen bei deinem Vorgesetzten, und dann geh wieder an die Arbeit!" Ein kräftiger Händedruck schloß dieses Kapitel ab.

Als dann die Polen wieder an der Haltestelle standen, sprachen sie mich mutig an. „Wir haben alle in der Baracke jeden Abend für Sie gebetet, daß Sie nicht ins KZ müssen. Unsere Gebete sind erhört worden." Sie hatten Tränen in den Augen. „Wir wissen nun durch Sie, daß es auch gute deutsche Menschen gibt."

Dankeschön mein lieber Schutzengel, deine schützende Hand hat Wunder gewirkt!

Drei Tage in Wippra

Das zweite Mal griff mein Schutzengel im Juli 1943 ein. Und zum Glück hörte ich auf seine Stimme, die nur vernimmt, wer mitunter dem Gefühl vertraut und auch einmal die Ratio außer acht läßt.

Bevor Hannover durch Bomben zerstört wurde, war es eine wunderschöne alte Stadt. Ich fühlte mich dort sehr wohl und war Straßenbahnschaffnerin mit Leib und Seele. Doch plötzlich, im Sommer 1943, packte es mich und in mir bohrte es: „Du mußt drei Tage nach Wippra." Obwohl ich dort nur ein kleines Dachkämmerchen hatte, zog es mich mit aller Macht nach Hause in die Berge.

Nur gut, daß ich so beliebt und auch sonst sehr bescheiden war, so bekam ich auch gleich meine drei Tage Urlaub. Kaum zu Hause in Wippra angekommen, suchte ich meine alten Lederhosen hervor. Am zweiten Tag saß ich dann quietschvergnügt hoch droben in den Tannenspitzen und huschte wie ein Eichhörnchen durch den Wald.

Wie aus heiterem Himmel fing ich plötzlich an zu zittern, mußte grundlos weinen und spürte, daß genau in diesem Mo-

Frisch verliebt:
Mein Freund
Walter und ich
1943 in Hannover.

ment etwas Schreckliches passiert sein mußte. Als ich am dritten Tag abends in Hannover ankam, erfuhr ich die schreckliche Nachricht: Drei Schaffner und der Zugführer des Straßenbahnzuges, in dem sonst auch ich fuhr, waren tot. Bei einem Fliegerangriff während des Dienstes hatte ihnen eine Luftmine ihre Lungen zerfetzt. Mein treuer Schutzengel hatte mich weggeführt. Ich blieb trotz allem in Hannover.

Die innere Stimme

Während ich bei der Straßenbahn beschäftigt war, lernte ich Walter kennen. Ich war gerade 20 und bis über beide Ohren in ihn verliebt. Er war für mich der totale Rosenkavalier. Als Flakabwehr-Soldat in fescher Uniform – stets akkurat mit Bügelfalte – verstand er es, mich immer wieder zu begeistern und zu verwöhnen.

Zu meinem 21. Geburtstag feierten wir Hochzeit. Für uns war der Himmel rosarot. Trotz des Krieges waren wir sehr glücklich und träumten von einem Wunschkind. Aber das

Glück war leider in solchen Zeiten nicht von Dauer. Mein Walter wurde von Hannover nach Bayern versetzt. Zum Kriegsende geriet mein Mann in französische Gefangenschaft. Es sollte drei lange Jahre dauern ehe wir uns wiedersehen durften. Unser gewünschtes Baby war unterwegs, und ich war doch wieder allein.

Obwohl ich mit meiner Arbeit bei der Straßenbahn sehr glücklich war, zog mich die Sehnsucht nun wieder zurück in meine Harzer Bergwelt. Es vergingen aber noch Monate, ehe ich Hannover verlassen durfte. Ich wohnte bei einer alten Dame zur Untermiete. Wir verstanden uns sehr gut, und sie war wie eine Mutter zu mir. Hannover war vor der Zerstörung eine wunderschöne Stadt und war mir zur zweiten Heimat geworden. Aber hier fielen fast täglich Bomben und brachten Tod und Verderben. Jeder wünschte sich weit weg aus dieser Gefahrenzone. Mein Mann wollte unbedingt, daß ich zu seinen Eltern ins Warthegau – damals die Kornkammer Deutschlands und heute zu Polen gehörend – ziehen sollte. Doch meine innere Stimme spielte verrückt: „Du fährst nach Wippra und nicht anders." In meinem Stübchen unterm Dach wollte ich getreulich darauf warten, daß mein Mann aus der Gefangenschaft zurückkommen würde. Dabei hatte ich meine ganze Aussteuer schon bei den Schwiegereltern. Mein Mann war sehr böse, weil ich ohne logisches Gegenargument nicht auf ihn hören wollte, es einfach nicht konnte.

Aber wieder einmal war mein Schutzengel ein treu für mich sorgender Ratgeber, denn bereits ein halbes Jahr später mußten alle Deutschen Polen verlassen. Obendrein wurde mein Schwiegervater noch kurz vor Kriegsende eingezogen. Dann begann die große Flucht aus dem deutschen Osten. Meine Schwiegermutter machte sich mit einem von Pferden gezogenen Planwagen auf den Weg. Sie kam nicht weit, da spannten ihr die Polen die Pferde aus. Aber sie fand am Straßenrand einen Handwagen. Damit zog sie weiter. Bald darauf wurde sie von sechs jungen Polen in eine Scheune geschleppt und von allen Sechsen vergewaltigt. Das war im Februar 1945, und auch ich wäre auf der Flucht gewesen, wenn ich nicht auf meine innere Stimme gehört hätte. Meine Schwiegermutter war nur noch ein halber Mensch, als sie nach all den Strapazen mit dem Wenigen, das ihr geblieben war, bei mir in Wippra ankam. Ich glaube, ich hätte es wahrscheinlich gar nicht überlebt und konnte meinem Schutzengel nur von Herzen dankbar sein, daß er mich, wie schon so oft, wieder einmal behütet und beschützt hatte. Mögen doch alle Menschen einen so treuen Beschützer zur Seite haben wie ich; ich wünschte es von ganzem Herzen!

Am 8. Mai 1945 war dann endlich dieser schreckliche Krieg vorbei, und ich hoffte sehr, daß unser Kind in einer nun friedlicheren Welt leben würde. Am 29. Juni 1945 war es soweit. Ich hatte ja eigentlich, den damaligen Vorstellungen gemäß, von einem blondgelockten, blauäugigen Knaben geträumt, der den Namen Horst Henner bekommen sollte. Aber was die Hebamme mir dann präsentierte, entsprach so gar nicht meinen Vorstellungen: Da wollte sie mir doch glatt so ein zierliches Mädchen mit dunkelbraunen Augen und langen dunkelbraunen Haaren andrehen! Sogar schon ein kleiner Hahnenkamm und eine Lockenrolle zierten das kleine Köpfchen!

Ich brauchte zwar noch einige Tage um mich an diesen „kleinen, schwarzen Teufel" zu gewöhnen, aber dann hatte ich mein Kind doch sehr, sehr lieb. Es war nicht leicht in dieser Nachkriegszeit so ein kleines Würmchen groß zu bekommen. Aber ich hatte hier in Wippra und in den umliegenden Dörfern Freundinnen, die mir oft dabei geholfen haben, wenn die Not am größten war. Da wurden zum Beispiel den Hühnern die Eier unter dem Hintern weggestohlen, damit mein Kind nicht verhungern mußte. Dafür kann ich nur noch „Danke" sagen.

[Remscheid, Bergisches Land –
Bad Salzelmen bei Magdeburg;
1943 bis 1945]

Eva Conrad

Die zwei Geburtstagstorten

Am 28. Juli 1943, mitten im Zweiten Weltkrieg, werde ich
zehn Jahre alt. Meine Mutter leitet die Bäckereifiliale einer
alteingesessenen Remscheider Bäckerei. Das Ladenlokal befindet sich am alten Markt in einem mit Schieferplatten ver-
kleideten Fachwerkhaus im Zentrum von Remscheid. Un-
vergeßlich für mich ist das vom Bäcker Lämmerzahl herge-
stellte Marzipan, das ich, wie alle Kunden, bei der Eröffnung
dieser Filiale im dritten Kriegsjahr erhielt. In meinen Schul-
ferien bin ich gerne in der Backstube und schaue den Bäk-
kern bei der Arbeit zu.

Der Chef meiner Mutter verspricht mir, vor meinem Geburtstag zwei Torten für die Familienfeier am darauffolgenden Samstag zu backen. Zu meiner großen Freude hält er
Wort. Am Freitag stehen die Torten, appetitlich anzusehen
und bereit zum Verzehr, in dem zum Laden gehörenden Zimmer, in dem ich nach Schulschluß meine Hausaufgaben ma-
che. Ich kann den Samstag kaum erwarten.

Meine Vaterstadt Remscheid im Bergischen Land, entstan-
den aus Fronhof und Kirche und im Laufe der Zeit zusam-
mengewachsen mit den umliegenden Höfen, liegt auf zwei
Bergen, dem Holscheidsberg und dem Hohenhagen. Die Häuser erstrecken sich an den Hängen hinab bis in die Täler. Die
Stadtmitte von Alt-Remscheid (Dorf), das auf dem Holscheidsberg liegt, hatte eine geschlossene Bebauung.

In der Nacht vom 30. zum 31. Juli 1943 erfolgt der Groß-
angriff der Briten auf Remscheid. Erst erscheinen die
„Christbäume" am Himmel, es regnet Phosphor, dann fallen Brandbomben, gefolgt von Sprengbomben. Meine Eltern und ich wohnen in einem Dreifamilienhaus in der Nähe
der Stadtkirche am alten Markt. Mutter und ich, schlaf-
trunken und ohne meinen geliebten Teddy, flüchten Hals
über Kopf bei Vollalarm in den Spitzbunker*) unweit unserer Wohnung. Vater muß im Haus bleiben und wird beim
darauffolgenden Bombardement mit Mitbewohnern im
Keller des Wohnhauses eingeschlossen. Sie schlagen Durch-
brüche von Keller zu Keller, von einem Mietshaus ins andere, und Vater führt die Gruppe, einen Beinamputierten mit
Holzbein sowie Frauen und Kinder, hinaus ins Freie und
dann über Schutthaufen und durch Flammen. Nachbarn
aus den angrenzenden Häusern schließen sich ihnen an. Sie
schaffen es, sich bis zum Bunker durchzuschlagen, indem
sie sich uringetränkte Kleidungsstücke vor Mund und Nase
halten, um atmen zu können. Vater hat eine Rauchvergif-
tung und ist drei Tage blind.

Mutter und ich sind im Bunker, der mehrmals getroffen
wird, jedoch aufgrund seiner stabilen Bauweise standhält.
Alle haben das Gefühl, daß der Angriff nie aufhört.

Ich sitze mit meiner Mutter auf einer Bank in der Nähe
des Bunkereinganges, den wir beobachten können. Ab und
zu klopfen Menschen dort an und bitten um Einlaß. Sie erzählen, daß die Stadt lichterloh brennt und die Hitze so groß
ist, daß sie den Menschen die Luft zum Atmen nimmt.

---

*) Der Luftschutzturm bzw. Hochbunker, im Volksmund auch Betonzi-
garre oder Zuckerhut genannt, konnte bis zu 600 Personen fassen. Er-
dacht wurde er von dem Konstrukteur Leo Winkel. Das spitze, steil ab-
fallende Dach bot eine geringe Angriffsfläche und sollte gleichzeitig für
ein Abgleiten der Bomben ohne Explosion sorgen. In Deutschland wurden etwa 200 Winkel-Türme erbaut.

Dieses Foto von mir wurde im Erker unserer Wohnung in der Remscheider Neustraße aufgenommen. Das Haus wurde beim Bombenangriff am 30./31. Juli 1943 zerstört.

Mutter ist sehr erleichtert, als mein Vater den Bunker lebend erreicht. Er sagt ihr, daß wir nun nur das besitzen, was wir auf dem Leib tragen. Sonst ist alles zerstört. Kein Obdach, keine Möbel und Hausrat, keine Kleidung und Wäsche, nichts. Mutter ist nur wichtig, daß wir drei überlebt haben. Ich bin schrecklich müde und schlafe ein.

Nach der Entwarnung können wir den Bunker nicht verlassen. Die Innenstadt ist ein Flammenmeer. Durch den Feuersturm und den Funkenflug entstehen immer neue Brände. Es ist viel zu gefährlich – und wo sollen wir auch hin?

Am nächsten Morgen sehen wir das Trümmerfeld. Remscheid liegt in Schutt und Asche. Wir schlagen uns durch bis zum alten Markt, stehen vor dem Schutthaufen des ehemaligen Schieferhauses mit Laden, unter dem Menschen verschüttet wurden. Angehörige versuchen, mit bloßen Händen den Schutt abzutragen, um die Eingeschlossenen zu befreien, vergeblich. Es gibt keine Überlebenden! In diesem Moment wird mir erst klar, daß es auch meine Geburtstagstorten nicht mehr gibt. Sie liegen unter den Trümmern. Wir leben weiterhin im Bunker. Ab und zu gibt es Erbsensuppe aus einer Gulaschkanone, in Bechern, die noch einigermaßen heil aus den Trümmern gesucht wurden und oft sehr unappetitlich aussehen. Ich ekele mich, aber essen muß ich trotzdem. Zu unserem Haus gibt es kein Durchkommen. Die Reste des schönen Eckhauses mit Erkern, Ecke Neustraße/Alte Bismarckstraße, sind mit den Trümmern der anderen Häuser in den schmalen Straßen vereint. Überall Tote, viele Brandopfer. Wir erfahren, daß meine Paten, Bruder und Schwägerin meiner Mutter, sich glücklich schätzen, ihre im Außenbezirk Honsberg liegende, noch bewohnbare Wohnung behalten zu haben und uns aufnehmen wollen. Die übrigen Verwandten haben wie wir alles verloren und können nicht helfen, sondern sind selbst auf Hilfe angewiesen. Eine Nacht verbringen wir in Honsberg. Vier Familien, insgesamt zehn Personen, davon zwei Kinder von zehn und fünf Jahren, alle in einer 2-Zimmer-Wohnung! Wir gehen freiwillig zurück in den Bunker.

Meine Eltern und ich haben unser Leben gerettet. Nach acht Tagen Bunkeraufenthalt mit Schlafen auf schmalen, harten Holzbänken trifft mein Vater auf seinen Erkundungsgängen zufällig einen alten Kameraden, dessen Frau und seine fünf Kinder evakuiert, also in Sicherheit sind. Dieser ist sofort bereit, uns in seinem Reihenhaus aufzunehmen. Wir verlassen den Bunker und ziehen zu ihm ins Blumental, einen Außenbezirk. Meine Mutter führt den Haushalt. Nach der Rückkehr seiner Familie bauen die beiden Männer im Dachgeschoß zwei Zimmer für uns aus. Ich habe jetzt einen weiten Schulweg. Zwar ist das alte Lyzeum ebenfalls den Bomben zum Opfer gefallen, aber der Unterricht geht weiter. Er findet nun in der Innenstadt in einem Gebäude in der Hindenburgstraße, nicht weit vom Stadtpark entfernt, statt. Mutter stimmt einer Evakuierung zu, denn der Bombenkrieg ist noch nicht vorbei. Wir kommen nach Bad Salzelmen bei Magdeburg und werden in das Haus eines Oberkonsistorialrates eingewiesen, in dem wir ein Zimmer für uns haben. Mit offenen Armen werden die Evakuierten nicht aufgenommen, und es werden noch weitere dort untergebracht. Wir bleiben in Bad Salzelmen, erleben die amerikanische Besatzung und flüchten im Frühjahr 1945, bevor die Russen kommen, wieder in den Westen, wo mein Vater eine neue Bleibe für uns gefunden hat.

Trotz Bombenterror und Tieffliegerangriffen habe ich, Jahrgang 1933, den Zweiten Weltkrieg unverletzt überstanden. Das kleine Mädchen, das ich damals war, trauerte weniger um sein verlorenes Zuhause, Hab und Gut, sondern um die Geburtstagstorten. Es war die erste große Enttäuschung meines Lebens. So nah am Ziel. Nur eine Nacht trennte mich von der Familienfeier und der langersehnten Schlemmerei. Ob das jetzt noch jemand versteht?

Die Entbehrungen in den Kriegsjahren und das Hoffen auf bessere Zeiten kann sich wahrscheinlich kein jüngerer Mensch vorstellen. Mutter und ich haben uns im Krieg immer wieder sehnsüchtig die Bilder der Kuchen und Torten in den Kochbüchern angesehen und uns ausgemalt, wie es wäre, wenn wir uns daran gütlich tun könnten. Es sollte nicht sein.

Warum ich nicht zu den zahllosen Opfern gehörte? Warum mir das nicht passiert ist?

Ich bin ein gläubiger Mensch. Vielleicht war es nicht Gottes Wille, Schicksal, Vorsehung – zu dieser Ansicht neige ich – oder soll ich nur ganz lapidar „Glück gehabt" sagen?

Ich lebe! Mich gibt es noch! Gott sei Dank.

[Berlin – Goldbach*) nahe Königsberg, Ostpreußen –
Hohen-Viecheln, Mecklenburg – Oschatz –
Berlin – Karlsruhe;
1943 –1945 / 1958]

Marianne Jacobs-Dahlmann

Eine Freundschaft fürs Leben

„Nie und nimmer ins Herrenzimmer!"
Was waren das für bewegte Jahre! Als es im Kriegsjahr 1943 in
Berlin, meiner Heimatstadt, für Frauen und Kinder zu mul-
mig wurde, mußten wir ausrücken, nach Ostpreußen. „Evakuierung" stand auf dem Transportblatt für Mutti, meine Schwester Anita, zwölf und für mich, sechs Jahre alt, das uns im Son-
derzug gen Königsberg einen Sitzplatz garantierte. Welche
Gedanken mögen unsere junge Mutti damals begleitet haben?
Der Mann als Soldat im Krieg, zwei Koffer mit ein paar
Habseligkeiten packen, die Wohnung abschließen, die Kinder an und die Koffer in die Hand nehmen und dann – ab ins
Ungewisse. Daß ich im Zugabteil während der unendlich langen Fahrt ganz oben im Gepäcknetz schlafen durfte, ist mir
als ein wunderbares Erlebnis in Erinnerung geblieben.
Die resolute Ostpreußin im Dorf Goldbach, zwischen Ta-
piau und Labiau**) gelegen, schlug die Hände über dem Kopf
zusammen und schimpfte fürchterlich, als ihr Mutti zaghaft
unsere Berechtigung zur Einquartierung in deren „Herrenzimmer" entgegenhielt, denn der „Herr" war im Krieg und
das entsprechende Zimmer mit weißen Bettlaken staubge-
schützt abgedeckt. „Um Gottes willen, nie und nimmer ins
Herrenzimmer!", schrie sie lauthals Zeter und Mordio, jagte

---

*) heute *S*lawinsk, **) Gwardeisk und Polessk im Gebiet Kaliningrad in Rußland.

uns laut schimpfend davon und schlug die Tür zu. Da standen wir nun rat- und trostlos in der Fremde, Mutti weinte verhalten, wir Kinder heulten laut los, es regnete, und der trübe Abend wurde dunkler und dunkler. Das große Gebäude nebenan mit der langen Rampe und dem Gleisanschluß war eine Molkerei. Riesige Silos und Milchkannen deuteten unverkennbar auf diese Nutzung hin. Als sich uns im Halbdunkel ein Mann näherte, rückten wir drei verängstigt zusammen. „Jordan", stellte er sich vor, „kommen Sie mit!"

Die Stimme klang sanft und die Aufforderung ließ keine Frage zu. Als er Mutti hilfsbereit die beiden Koffer abnahm, wich unsere Anspannung. Wir gingen mit ihm ein paar Schritte Richtung Molkerei, eine Tür öffnete sich und die freundliche Stimme von Frau Jordan lud uns zum Eintreten ein. Flugs saßen wir in einem warmen Zimmer, das ruck, zuck zu einer Herberge für uns drei hergerichtet wurde.

„Sie bleiben bei uns!", meinte der Molkereichef verständnisvoll. Er hatte das laute Gezeter und Geschrei der Nachbarin mitbekommen. Das war ihm äußerst peinlich gewesen und mit der sprichwörtlichen ostpreußischen Gastfreundschaft nicht vereinbar, erfuhr Mutti später.

Madamchen und Marjellchen

Von Stund an ging es uns so gut, wie lange nicht mehr. Milch und Sahne flossen in Strömen. Schnell fühlten wir uns wie ein Teil der Familie. Mutti machte sich nützlich und wurde ein ostpreußisches „Madamchen", wir Berliner Gören richtige kleine „Marjellchen". Dieses Glück im vielbesungenen „Land der dunklen Wälder" währte keine zwei Jahre; bis zu jenem Tag, als es hieß: „Alle Frauen und Kinder, so schnell wie möglich abhauen!"

Bereits seit Tagen hatte Trommelfeuer der nahen Front Angst verbreitet und uns nachts kaum noch schlafen lassen. Die unvermittelte Aufforderung des Uniformierten war unmißverständlich und ließ kein Wenn und Aber zu: „Lassen

Das Foto vom 25. Dezember 1943 zeigt Dorchen Jordan, rechts, die Haushaltshilfe Lisa Schipper und, auf dem Schlitten sitzend, meine Mutter Marie Morlock in Goldbach in Ostpreußen.

Sie alles stehen und liegen! Es wird Ihnen nachgeschickt!" Auf Muttis Frage: „Ja, aber – wohin denn?" blieb er die Antwort schuldig – bis heute! Mit kaum mehr als den Sachen auf dem Leib landeten wir auf Irrwegen als Flüchtlinge in Oschatz in Sachsen. Tante Dorchen und Onkel Helmut, wie wir unsere ostpreußischen Gastgeber längst vertraut genannt hatten, sahen wir lange Zeit nicht mehr wieder. Viel später erfuhren wir, daß es sie mit ihren drei Kindern Peter, Wolfgang und Brigitte über einige Zwischenstationen nach Mecklenburg verschlagen hatte.

Mit zwei Koffern – wieder heimatlos!

Wir hatten uns nun zwar für längere Zeit aus den Augen verloren, jedoch keineswegs auch aus dem Sinn. Rund 13 Jahre später, 1958, als wir längst wieder ins heimatliche Berlin und in unsere leergeplünderte, mit Brettern verbarrikadierte Wohnung zurückgekehrt waren, kam unvermittelt die Stunde, unsere „Schuld" zu begleichen. Denn wie aus heiterem Himmel stand plötzlich die komplette Familie Jordan mit Sack und Pack vor unserer Wohnungstür. Familie! – Zwei Koffer! – Heimatlos! Das weckte Assoziationen. Jordans waren auf der Flucht – auf der Flucht von Ost nach West. Sie hatten ihre HO (staatliche Handelsorganisations)-Gaststätte mit dem beeindruckenden Kinosaal in Hohen-Viecheln in Mecklenburg bei Nacht und Nebel mit Kind und Kegel verlassen (müssen). Nicht nur wegen eines gutgezapften Bieres kamen die Leute von weit und breit, sondern vor allem der Kintopp war zu einem Hauptanziehungspunkt geworden. Helmut, dem Organisator, war es nämlich gelungen, den einen oder anderen interessanten Filmstreifen an Land zu ziehen, was er auf entsprechenden Plakaten auch stets öffentlich machte und jedermann kundtat. In der Küche waltete Dorchen und bot den Gästen Deftiges nach guter ostpreußischer Tradition. Wem dieser Zuspruch der Bevölkerung ein Dorn im Auge war, kann ich nicht sagen, jedenfalls wurde peu à peu das ohnehin limitierte Kontingent an Lebensmitteln für den Restaurantbetrieb und an Bier und Spirituosen für den Ausschank derart reduziert, daß bald „Schmalhans" als Küchenmeister Einzug hielt und der Zapfhahn versiegte. Filme, die er zeigen wollte – durchaus ohne politischen Inhalt – waren plötzlich mit einer Zensur belegt worden. So war der Familie kurz über lang die Existenz unter den Füßen weggezogen worden. Aber mit Koffern über die Sektorengrenze?

Ein Ding der Unmöglichkeit! Die blieben deshalb bei uns deponiert. Wie oft wir, Mutti und ich, doppelt und dreifach übereinander angezogen, bei brütender Sommerhitze beispielsweise in dick gefütterten Winterstiefeln, angstvoll mit der S-Bahn „über die Grenze" zum Auffanglager für Ostflüchtlinge Marienfelde in West-Berlin gefahren sind, läßt sich kaum zählen. Der Inhalt der Koffer war ja schließlich das einzige, was unseren Freunden für einen Neuanfang geblieben war.

Warum man damals angstvoll in Berlin S-Bahn fuhr, kann heute kaum noch jemand nachempfinden. Man muß es selbst erlebt haben. Die S-Bahn fuhr bis zum Mauerbau am 13. August 1961 mehr oder weniger ungehindert von den Ost- in die Westsektoren und wieder zurück. Allerdings stiegen beim letzten Halt auf Ostberliner Seite Volkspolizisten, Vopos, ein und musterten argwöhnisch die verbliebenen Fahrgäste, die nach Westberlin weiterfuhren. „Republikflüchtlinge aufspüren!", so ihr Befehl. Wer barsch zum Mitkommen aufgefordert wurde, war fällig für eine Leibesvisitation. Da kannten sie kein Pardon! Fluchthelfer riskierten Kopf und Kragen. Gelangweilt aus dem Fenster gucken, hieß deshalb Muttis Parole und keinesfalls auffallen, wenn die Vopos durch das Zugabteil kamen.

Gegenseitige Hilfe in der Not, das hat die Verbundenheit unserer zwei Familien endgültig besiegelt. Eines Tages haben sich alle wiedergetroffen; in Karlsruhe, wo Jordans und auch wir uns eine neue Existenz aufgebaut haben. Über den Tod unserer Mutti, den von Tante Dorchen, Onkel Helmut und deren Sohn Wolfgang hinaus sind Berlin, Goldbach und Karlsruhe für beide Familien wichtige Lebensstationen geworden.

Im Alter sucht man Spuren seiner Vergangenheit. Deshalb bin ich im Sommer 2006 über Königsberg nach Goldbach gefahren. Ich wollte sehen, ob die Erinnerung der damals Sechs- bis Achtjährigen gut fünf Jahrzehnte später noch mit der Realität konform geht. Oh je! Die Molkerei ist heute Kommandantur, das ganze Dorf ein Strafgefangenenlager. Eine einzige Spur fand ich wieder. Das uralte, flache Backsteingebäude steht noch, in dem damals der Käse in der Salzlake in riesigen Bottichen wochenlang reifte. Ich erschauerte, denn vor genau diesem Gemäuer habe ich einst auch das erste Mal in meinem jungen Leben mit ansehen müssen, wie „auf Ostpreußisch" ein Schwein – es war „Jolanthe" – geschlachtet wurde.

*(Weitere **ZEITGUT**-Beiträge der Autorin sind am Buchende vermerkt.)*

[im Mittelmeer, zwischen Italien und Afrika;
1943]

Ernst Haß

Charly, unser Oberheizer

Viel habe ich schon über die Zeit meiner Seefahrt geschrieben. Meistens waren das erbauliche Geschichten, denn von den schlimmen Erlebnissen im Krieg wollte keiner etwas wissen. Aber diese hier, die Geschichte von unserem Oberheizer Charly, sie muß erzählt werden. Es ist mir ein Herzensbedürfnis, eines Menschen zu gedenken, der zwölf Leben auf See gerettet hat, indem er sich selbst opferte.

Wir hatten den Zweiten Weltkrieg, ich fuhr im Auftrag der Kriegsmarine-Dienststelle, kurz KMD genannt, 1943 als Bootsmann im Mittelmeer auf einem Blockadebrecher, einem Transporter. Insgesamt sieben Schiffe habe ich in den Kriegsjahren verloren und bin nur einmal trocken an Land gekommen! Bei diesen Schiffsverlusten sah ich große und starke Menschen mit einem noch größeren Mundwerk, auf den Knien liegend unseren Herrgott um Hilfe bitten. Tränen liefen ihnen über das Gesicht. Manche jammerten und schrien, anstatt sich eine Schwimmweste umzubinden. Ein anderer saß still in der Ecke und war zu keiner Bewegung fähig vor Angst. Der konnte uns nicht helfen, ein Boot oder Floß ins Wasser zu bringen, während das Schiff am Sinken war. Andere fürchteten sich, ins Wasser zu springen, mit oder ohne Schwimmweste, weil sie befürchteten, vom Sog des sinkenden Schiffes in die Tiefe gerissen zu werden. Gewiß, die

Das Foto zeigt mich 27jährig im Oktober 1940. Zu dieser Zeit war ich bei der 40. Minensuchflottille in Lorient-Bretagne in Frankreich, dort befand sich ein deutscher U-Boot-Stützpunkt.

Chance ist klein, denn oft wurde noch, wenn die Leute den Sprung ins Wasser überlebt hatten, auf sie geschossen. Dennoch, im Wasser ist ein Strohhalm ein Riesenbalken, der bei der Rettung helfen kann!

Bei jener Fahrt 1943 im Mittelmeer nun hatten wir zwei Torpedotreffer abbekommen, bei Luke 2 und bei Luke 5. Beide waren voller Fässer mit Flugzeugbenzin. Wir hatten keine Zeit mehr gehabt, die Boote ins Wasser zu bringen, denn nach zwei Explosionen lagen wir gleich alle „im Bach". Ich hatte Glück und ein Floß erwischt, an dem ich mich festhalten konnte. Auf mein Rufen hin kamen einige von der Besatzung ange-

schwommen. Alle klammerten sich am Floß fest, einem französischen Modell aus Eisenrohren. Einer schwamm an uns
vorbei, der lag mit dem Oberkörper auf einem hölzernen Lu-
kendeckel. Ich selbst trug eine Flieger-Schwimmweste auf dem
nackten Körper, die ich in Italien, wo viele deutsche Flieger
waren, gegen Zigaretten eingetauscht hatte.

Es war zwischen zwei und vier Uhr nachts und stockfin-
ster. Die Windstärke schätzte ich zwischen vier und fünf – und
am Floß hielten sich 16 Leute fest! Ich hatte mich daran an-
getüdert (festgebunden), um bei meinen Leuten zu bleiben,
das Wasser war kalt. Die Schwimmer waren müde und steif
geworden – drei waren mit einem Mal weg!

Das Floß war aber nur für zwölf Personen zugelassen, es
war immer noch einer zuviel. Mit meiner Schwimmweste war
ich etwas besser dran und hob auf einer Seite das Floß noch
mit aus dem Wasser. Immer wieder rief ich den Leuten zu, sie
sollten sich bewegen.

Der Älteste war unser Heizer Charly. Er war 62 Jahre alt,
Nichtschwimmer und hatte sich freiwillig für die Blockade-
brecherfahrt gemeldet. Charly hatte seine Familie bei einem
der Fliegerangriffe auf Hamburg verloren.

Die Uhr ging auf sieben zu, und das Floß war immer noch
unter der Wasseroberfläche. Es war nach wie vor mit einer
Person mehr belastet, als es tragen konnte. Ich schwamm
nebenher und rief: „Wir müssen abstimmen! Charly ist der
Älteste, er soll entscheiden, wer loslassen muß, damit wir
nicht alle ersaufen!"

„Nee, ick nich, de Bootsmann hett dat segg 'n!" entgegne-
te Charly mit leiser Stimme.

Nun mußte ich entscheiden. Du lieber Gott, was sollte ich
machen?

Herr, steh mir bei, hilf mir, dachte ich in dieser furchtbaren
Situation. Bei unserem Palavern hatten wir nicht bemerkt, daß
plötzlich unser Floß aus dem Wasser herausgekommen war.
Wohl aber hieß es plötzlich, Charly, unser Oberheizer, ist weg!

Später habe ich gehört, daß Charly zum Nebenmann gesagt hatte: „Ick bün oold un hebb keen Minsch'n mehr op de Welt. Hoffentlich kommt ji alle an Land!" („Ich bin alt und habe keinen Menschen mehr auf der Welt, hoffentlich kommt ihr alle an Land!") – und dann hat er sich losgelassen. Ja so war es, so hat es mir Krischan Niemeyer aus Bremerhaven berichtet. In jenem Moment auf dem Floß liefen mir und den anderen Tränen aus den Augen. Charly hatte sich für uns geopfert!

Die See wurde eigenartigerweise auch ruhiger. Einer sagte: „Das hat Charly gemacht!"

Und das glaubten wir alle ganz fest!

Gegen zehn Uhr entdeckte uns eine Arado-Flugmaschine, eine Stunde später zog uns die Besatzung eines Schnellboots aus diesem verdammten Wasser. Im Boot waren Wolldecken, aber auch Bier und Vino, was viel wichtiger war. Einige konnten schon wieder lachen und sich des Glücks freuen, das wir gehabt hatten. Ich selber goß mir tüchtig einen auf die Lampe, weil ich an Charly denken mußte. Es war zwischen Italien und Afrika.

Mir ist nun besser, weil mir diese Geschichte immer am Herzen gelegen hat. Charly ist auf die große Reise gegangen und hat damit zwölf Menschenleben gerettet, eine Rettungsmedaille hat er dafür nie erhalten!

*(Weitere **ZEITGUT**-Beiträge dieses Autors sind am Buchende vermerkt.)*

[Hertogenbosch – Schijndel, Nordbrabant, Niederlande –
Brüssel, Belgien – Amiens, Frankreich –
Southampton – Salford, England;
1944]

Berthold Solowski

Die Uhr im Gips

Etwas Glück braucht ab und an jeder Mensch. Großes Glück
hat nötig, wer aus lebensbedrohlichen Situationen mit hei-
ler Haut oder wenigstens mit dem Leben davonkommen will.
Und manchmal kann sich dabei ein vermeintliches Pech als
Glück erweisen.

Während des Zweiten Weltkrieges war ich ab September
1944 als Fallschirmjäger in Hertogenbosch-Boxtel (Nordbrabant) im Einsatz. Die Luftlandeoperation der Alliierten vom
17. September 1944 endete mit einem Fiasko. Das Ziel dieser
Operation – die Einnahme der zwei Rheinbrücken bei Arn-
heim, Nijmegen und des Gebietes um Eindhoven – war nicht
erreicht worden. Uns war klar, daß die Luftlandeoperation der
Vorbereitung des Hauptangriffs auf Holland diente. So wurde
unser Hauptquartier in Vught mit Generaloberst Student
rechtzeitig aus der Gefahrenzone evakuiert.

Mit einem starken Trommelfeuer wurde am 23. Oktober
der Angriff der alliierten Truppen eingeleitet. Wir bekamen
den Befehl, uns aus dem Bereich um Schijndel zurückzuziehen. Die Absetzbewegungen begannen für mich mit der „eh-
renvollen" Aufgabe, der letzte Mann der Nachhut zu sein.
Damit nahm das Schicksal seinen Lauf. Den Letzten beißen
ja bekanntlich die Hunde, und so war es dann auch.

In einem Gehöft bezog ich Stellung, um eventuell die Ab-
setzbewegung der Einheit decken zu können. Zwei Heeres-

funker, die offensichtlich die Orientierung verloren hatten,
entdeckten mich und kamen auf mich zugerannt. Sie glaubten anscheinend, bei mir Hilfe finden zu können. Leider wurde diese Bewegung vom anrückenden Gegner bemerkt. Ich
gab die Anweisung, die Funkgeräte plus Funkschlüssel zu
vernichten und in Deckung zu gehen. In dem jetzt folgenden
Nahkampf traf ein Geschoß meine linke Brusthälfte direkt
über dem Herzen. Und da hatte ich unglaubliches Glück im
Unglück. Die linke Brusttasche meiner von uns „Knochen-
sack" genannten Fallschirmjäger-Kombi war vollgestopft mit
allerlei Kram, der mir letztlich das Leben rettete, denn dort
befand sich auch ein Taschenkalender, in dem das Gewehr-
geschoß steckenblieb. Die Wucht des Geschosses warf mich
zurück. Beim Sturz trafen weitere Geschosse meinen Körper, die Gott sei Dank keine „edlen Teile" verletzten. Aber
damit sind die Schußkanäle erklärt, die bis heute so manch
einem Doktor Kopfzerbrechen bereiten. Die Kugel aus dem
Notizbuch besitze ich immer noch. Damals aber schoß mir
jungem Mann nur ein einziger Gedanke durch den Kopf: „Verdammt, dich hat es erwischt!" *)
   Kurz, nachdem ich so hart getroffen worden war, umhüllte mich eine gnadenvolle Ohnmacht. Ein schmerzhafter Tritt
gegen meinen ebenfalls verwundeten linken Fuß ließ mich
daraus erwachen. Mühsam öffnete ich die Augen und sah
drei amerikanische GIs vor mir stehen. Sie palaverten eine
Weile miteinander, dann zog der Sergeant seine Pistole aus
dem Halfter und zielte auf meinen Kopf. Wieder hatte ich
großes Glück, denn gerade noch rechtzeitig kam ein Leutnant dazu, der dem Sergeanten die Waffe zur Seite schlug.

---

*) Bedauerlicherweise wurde meine Verwundung von meiner Einheit
beobachtet. Mein harmloser Kopfstreifschuß blutete sehr stark, so daß
angenommen wurde, die Verletzung sei tödlich; und so kam es zu der
offiziellen Gefallenenmeldung an meine Angehörigen, was eine offizielle
Trauerfeier zur Folge hatte.

Ein Schuß krachte, Dreck spritzte mir ins Gesicht. Ich hörte noch den Verweis des Offiziers, dann umfing mich wieder eine gnädige Ohnmacht. Ich kam abermals zu mir, als sich kanadische Sanitäter über mich beugten, mich kurz verbanden und auf einer Trage zu einem Bergungspanzer brachten, in dem bereits mehrere verwundete Amerikaner stöhnend lagen. Die Bergungspanzer waren eine segensreiche Einrichtung, denn sie schützten die Verwundeten bei andauernden Gefechten vor weiteren Treffern aus Handfeuerwaffen und vor Maschinengewehrfeuer.

Der Transport im Bergungspanzer war deshalb einesteils beruhigend, andererseits war das Rumpeln über Stock und Stein eine schmerzhafte Angelegenheit. Schließlich kamen wir aber doch auf einem Verbandsplatz an, wo uns Verwundeten die erste gründlichere Versorgung zuteil wurde. Ich möchte besonders erwähnen, daß auf diesem Verbandsplatz kein Unterschied gemacht wurde zwischen einem Jerry, also einem Deutschen, und einem Soldaten der Alliierten.

Der Weitertransport aus den Gefahrenzonen geschah mit einem Jeep, auf dem oben zwei Tragen mit je einem Verwundeten aufgeschnallt waren. Beide, sowohl ich, der Deutsche, als auch der Amerikaner neben mir, litten dabei entsetzlich. Wir froren gottsjämmerlich, nicht zuletzt wegen des starken Blutverlustes, den wir erlitten hatten.

Die nächste Station war ein Hauptverbandsplatz. Hier sortierte ein Sanitätsfeldwebel die Verwundeten nach der Schwere der Verwundung und bestimmte so die Reihenfolge der notwendigen Operationen. Anscheinend war ich der einzige „Feind" in seinem Bereich, denn er wies seine Leute an, den Jerry als letzten einzureihen und alle neu ankommenden Alliierten bevorzugt zur Operation einzuteilen. Nach dieser Formel hätte ich auf den Sankt-Nimmerleins-Tag warten müssen und wäre aller Wahrscheinlichkeit nach verblutet und gestorben, bevor mit eine Behandlung zuteil geworden wäre. Und hier zeigte sich noch einmal mein Glück. Ein kanadischer Stabsarzt inspizierte die Verwundeten und überprüfte die Reihenfolge, was einen heftigen Wortwechsel mit dem Sergeanten zur Folge hatte und für mich den sofortigen Weg zur OP. Wie lange ich operiert wurde, weiß ich nicht mehr. Auf einer Trage liegend erwachte ich, neben mir saß eine Schwester des Deutschen Roten Kreuzes. Sie umsorgte mich rührend. Während der ersten, für mich blutjungen Verwundeten schweren Nacht wich sie nie von meiner Seite, nahm sogar meinen Kopf in ihren Schoß, streichelte mein Haar und sprach mir Mut zu. Für mich war dies ein Gefühl, das kaum zu beschreiben ist, am besten vielleicht mit einem Geborgensein wie bei Muttern! Ich bedauere bis heute, daß ich den Namen dieser äußerst hilfs- und opferbereiten Schwester nicht kenne, denn ihr verdanke ich viel und hätte ihr nur allzu gern gedankt.

Es war allgemein bekannt, daß auf den Verbandsplätzen gestohlen wurde wie bei den Elstern oder den Raben. Natürlich entwendete nicht jeder Sanitäter das Eigentum der Verwundeten. Tatsache ist aber, daß viele Verwundete auf einem Verbandsplatz bestohlen wurden. Auch mir erging es nicht besser. Meine Brieftasche aus Leder war verschwunden, mein Geld, holländisches wie deutsches, war weg ebenso mein Ledergeldbeutel. Und alles andere von einigem Wert, etwa meine Luftwaffendienstuhr, fehlte auch. Andere Wertsachen von mir waren von den Kanadiern in einen kleinen Leinenbeutel getan worden, der mir erstaunlicherweise blieb, ebenso mein Rasierzeug sowie einige Fotografien, die ich bei mir gehabt hatte. Ich merkte es kaum, wenn ich verlegt wurde, denn meistens umhüllte mich eine in diesem Falle wirklich segensreiche Bewußtlosigkeit.

Das nächste Erwachen, das mir deutlich in der Erinnerung blieb, brachte eine Überraschung. Als ich nach einem erholsamen Schlaf die Augen aufschlug, sah ich ein lächelndes Gesicht über mir. Mein eigenes war voller Schaum, da mich der Mann mit dem Lächeln rasierte. Ich erkannte einen rothaarigen Iren, der mich freundlich mit den Worten begrüßte: „Kamerad, für dich Krieg aus."

Es waren übrigens die einzigen Worte, deren der Ire in der
deutschen Sprache mächtig war. Danach kam die Visite. Ein
ebenfalls freundlicher Militärarzt begrüßte mich und schien
mit dem Ergebnis seiner darauf folgenden Untersuchung zufrieden zu sein. Ich stellte eine wichtige Veränderung fest: Man
hatte mich mit einem Gips versorgt. Wie staunte ich aber, als
der Arzt mich mit Nachdruck darauf aufmerksam machte,
daß unter meinem rechten Knie meine private Uhr – eine Lanco, ein Schweizer Fabrikat – eingegipst worden sei! Beim Aufschneiden des Gipses solle ich auf äußerster Vorsicht bestehen, damit die Uhr nicht beschädigt werde. Oh Wunder! An
meine private Uhr hatte ich überhaupt nicht mehr gedacht!

Man sagte mir, daß die englische Krankenschwester meine blutverschmierten Sachen gründlich durchgesehen und
in der Uhrentasche meiner Fallschirmjägerhose diese Uhr
gefunden habe. Eingegipst worden sei sie, da man wisse, daß
auf Verbandsplätzen gestohlen werde. In den USA oder in
England würde dies in einem Lazarett nicht mehr vorkommen. Nun hatte ich nicht nur Glück für Leib und Leben,
sondern auch noch für so etwas im Vergleich Unwesentliches wie Besitz gehabt!

Als die englische Schwester mein Bett richtete, bedankte
ich mich herzlich bei ihr. Sie quittierte es mit einem Lächeln
und den besten Wünschen für meine Genesung. Ganz nebenbei konnte ich feststellen, daß das Lazarett, in dem ich
jetzt lag, das ehemalige Luftwaffenlazarett in Brüssel war.

Die Versorgung war den Umständen entsprechend gut, und
so kam ich langsam wieder zu Kräften. Wieviel Zeit seit meiner Verwundung vergangen war, konnte ich nicht feststellen, denn ich hatte jedes Zeitgefühl verloren.

Eines Tages wurde ich in einen Sanka verfrachtet und damit
wieder einmal den Amerikanern übergeben. Dieses Mal ging

die Fahrt in Richtung Frankreich. Mit mir zusammen wurden noch drei verwundete Amerikaner transportiert. Die Tauscherei ging also lustig weiter: Amerikaner hatten mich zusammengeschossen, Kanadier mich geborgen und auf dem Verbandsplatz zum ersten Mal versorgt, dann den Amis übergeben, die mich auf einem Hauptverbandsplatz zum ersten Mal operierten. Die wiederum hatten mich zu den Engländern ins ehemalige Luftwaffenlazarett in Brüssel gebracht, und jetzt war ich wieder einmal bei den Amerikanern gelandet. Der Sankafahrer war ein riesiger Schwarzer, ebenso sein Beifahrer. Nach einer längeren Fahrt gab es plötzlich einen Aufenthalt. Die „mitreisenden" Amis bemerkten, daß in einer Stadt gehalten wurde. Es war Amiens. Der schwarze Beifahrer sprang aus dem Sanka und öffnete die hintere Tür des Fahrzeuges. Nachdem ich mit Mühe den Kopf gehoben hatte, konnte ich eine belebte Straße erkennen, auf der sich eine Menge Frauen zusammengerottet hatte, die nach Deutschen rief und eindeutige Zeichen machte, ihnen die Kehlen durchschneiden zu wollen.

Einige der verwundeten Amis im Sanka hatten sich aufgesetzt und beobachteten die Szene. Zwischen ihnen und dem Beifahrer gab es einen kurzen Wortwechsel, den ich damals nicht verstand, aus der Gestik aber entnehmen konnte, daß die Amis eindeutig gegen eine Lynchjustiz waren. Der schwarze Soldat lachte übers ganze Gesicht, drehte sich um und schoß mit seiner Maschinenpistole über die Köpfe der Frauen hinweg. Sofort war die Straße wie leergefegt. Dann drehte er sich zu mir um, zeigte auf die Davoneilenden, spuckte aus und machte mit Gesten deutlich, wie er diese Weiber verachtete. Ein Ami im Sanka konnte deutsch, was bis dato niemandem bekannt gewesen war. Zu mir gewandt sagte er: „Vor ein paar Tagen lagen sie noch mit euch im Bett und heute wollen sie den Deutschen die Kehle durchschneiden, da sie jetzt mit uns alliierten Soldaten ins Bett steigen. Es ist das Gesindel des Krieges."

Dieses Erlebnis haftet mir bis heute im Gedächtnis. Es zeigte mir, daß solche Frauen überall auf der Welt anzutreffen sind. Wenn ich über die Situation und meine Lage dabei nachdenke, wird mir klar, daß ich wiederum großes Glück hatte. Wie wäre es mir wohl ergangen, wenn die Amerikaner mit den Frauen einer Meinung gewesen wären?

Der Sanka-Konvoi landete schließlich in einem Zeltlazarett, wo Amerikaner, Briten und andere Alliierte getrennt von den Deutschen untergebracht wurden. Ich traf dort einen Mitschüler meines Gymnasiums, ebenfalls ein Gefangener, und sah mit Erstaunen, daß er als Sanitäter tätig war. Welch ein freudiges Wiedersehen!

Jeder war froh, den anderen noch lebend anzutreffen. Es versteht sich von selbst, daß der Sani sich fürsorglich um seinen ehemaligen Mitschüler kümmerte. Er wußte auch, daß alle Insassen dieses Lazarettes demnächst auf ein amerikanisches Lazarettschiff verladen werden sollten, um in die Vereinigten Staaten zur weiteren Behandlung überführt zu werden.

Auch ich war bei dieser Einschiffung dabei, wurde aber in Southampton mit schwerverwundeten Amerikanern wieder ausgeladen und in einem Lazarettzug ins Landesinnere gebracht, um schließlich im Salford Royal Hospital in der Nähe von Manchester aufgenommen zu werden. Dort erlebte ich anschaulich Menschlichkeit und Demokratie. Aber das habe ich schon an anderer Stelle erzählt.

(Die Fortsetzung dieser Geschichte ist in „Unvergessene Weihnachten. Band 7" nachzulesen.)

[Reppen/Eilang, Ostbrandenburg*) – Stettin/Ostsee – am Plattensee, Ungarn – Steiermark – Herrsching am Ammersee – Hildesheim – Wien – Paris – Stuttgart; 30er Jahre, 1945, 1948, 1951, 1961, 1965]

Karl-Heinz Sommer

Hab Dank, mein Engel

Ich bin nun weit über achtzig Jahre alt und habe schon recht oft dem Gevatter Hein ins Angesicht geschaut, ja bin ihm mehr als einmal von der Schippe gesprungen. Und oft habe ich dann gegrübelt: Hatte ich wieder einmal einfach Glück gehabt oder hielt ein guter Engel seine schützende Hand über mich? Meine Meinung: Es gibt mehr als wir ahnen zwischen Himmel und Erde! Der Schutzengel gehört wohl auch dazu. Man kann sich nun fragen, warum haben manche Menschen einen und andere nicht?

Wir werden es wohl nie erfahren, zumindest nicht auf dieser Erde, ich aber glaube an den meinen. Gut möglich, daß ich ihn sogar schon einmal gesehen habe. Doch davon später.

Zuerst möchte ich von Situationen erzählen, die ich ohne meinen Schutzengel nicht überlebt, zumindest nicht ohne größere körperliche Schäden überstanden hätte. Die erste trug sich zu, als ich noch ein Kind von etwa zehn Jahren war. Mit Kameraden hatte ich mich auf dem Weg zur Eilang gemacht, dem kleinen Fluß in unserer Nähe, um Weidenstöcke für Pfeil und Bogen zu schneiden. Hierzu mußten wir eine Straße, über die eine Eisenbahnbrücke führte, überqueren. Wie Kinder so sind, rannte ich zur anderen Seite, ohne nach links oder rechts zu sehen. Erst auf der Stra-

*) heute Rzepin in Polen

ßenmitte bemerkte ich einen Motorradfahrer, der, kaum war er mit hoher Geschwindigkeit unter der Brücke hervorgeschossen, auch schon an mir vorbeigerast und wieder verschwunden war. In der entscheidenden Sekunde hatte uns höchstens ein halber Meter getrennt. Ein bißchen weniger Abstand, und mein junges Leben wäre wohl beendet gewesen. Wir Jungen lachten darüber: „Oh, Mensch, Schwein gehabt!"
An einen Schutzengel dachte ich damals noch nicht einmal im Traum.
Jahre vergingen mit Grundschule, Mittelschule, Oberschule und Internat. Inzwischen war Krieg, unsere komplette Klasse wurde 1943 als Flakhelfer nach Stettin eingezogen. Ein Jahr später bekamen wir den Stellungsbefehl zur Wehrmacht. Damals im Internat war es Ehrensache, sich freiwillig zu melden. Ich wollte zur Panzertruppe. Ich ging in der festen Zuversicht in den Krieg, wieder zurückzukommen, aber diesen Glauben oder zumindest die Hoffnung, hatte wohl jeder von uns. Für mich begannen die ersten Einsätze in Polen, dann in der Tschechoslowakei und in Ungarn.

Mein Schutzengel im Krieg

Es war der 12. Januar 1945, mein 19. Geburtstag, als wir bei einem kleinen Vorstoß mit vier Panzern vor einer Anhöhe hielten. Leichter Nebel, absolute Ruhe. Plötzlich ein Schlag, blendender Feuerschein im Panzer!
Der Kommandant und der Richtschütze, sie saßen beide auf der linken Seite, waren wie der Wind aus ihrer Luke hinaus. Ich, als Ladeschütze auf der rechten Seite, aus der meinen hinterher. Hinter dem Panzer fluchte der Kommandant auf Hitler und schrie: „Jetzt bin ich ein Krüppel!"
Sein linker Unterschenkel war abgeschossen. Der Richtschütze Bernhard regte sich nicht mehr, er war tot, ebenso der Fahrer Alfred, der war gar nicht mehr aus dem Panzer herausgekommen. Mir als Einzigem war nichts passiert – dank unserer unter der Kanone verstauten Schlafdecken, die

*Im Oktober 1944 wurde
diese Aufnahme von
mir in Wien gemacht.
Mit 18 Jahren war ich
der Jüngste unserer
Panzerbesatzung.*

die Splitter aus der Wand aufgefangen hatten. Die hätten
sonst auch mir die Unterschenkel zertrümmert. Auch jetzt
dachte ich nur: „Verdammtes Glück gehabt!"

Drei Tage später war ich auf einem anderen Panzer als
Ladeschütze, als bei einem Angriff einer unserer Panzer abgeschossen wurde. Die feindliche Granate traf genau auf das
Kugelgelenk für das Maschinengewehr, das auf der rechten
Seite in der Panzerwand eingelassen war, durchschlug es und
verletzte den Ladeschützen schwer. Ich sah noch, wie er seinen Oberkörper aus der Luke schob, um auszusteigen, dann
aber zurückfiel. Aus!

Kurz darauf ein gewaltiger Schlag, unser Panzer bäumte
sich auf. Darauf ein heulendes Geräusch – huiiiiii... huiiiii...
huiiiii... Eine Granate hatte uns getroffen, war aber als Quer-
schläger nach oben abgelenkt worden. Eine spätere Prüfung
ergab, daß der Einschlag, groß wie eine Faust, zehn Zentimeter neben meinem MG-Kugelgelenk lag. Nur wenige Zen-

timeter hatten mich also vom Schicksal meines Kameraden
aus dem Nachbarpanzer bewahrt. Kann man soviel Glück
haben? Oder war mir eine unsichtbare Macht gewogen?

Unter immer neuen Einsätzen ging unser Rückzug weiter
vom Plattensee Richtung Steiermark. Der Moment kam, daß
wir den Panzer mangels Benzin sprengen mußten. Ein Panzer einer anderen Kompanie tauchte auf, dem der Ladeschütze abhanden gekommen war. Ich mußte ihn ersetzen und wurde so von meiner Einheit getrennt, die weiter zurück verlegt
wurde. Ich war todunglücklich. Am nächsten Tag tauchte der
andere Ladeschütze wieder auf, ich war überflüssig und konnte
gehen. Wo aber waren meine Kameraden?

Angeblich waren sie bereits in der Steiermark. Hierzu
mußte ich über die Raab, aber an der Brücke wurden, wie
ich hörte, alle Soldaten, die einzeln kamen, von den „Ket-
tenhunden", der gefürchteten Militärpolizei, abgefangen und
in neu zusammengestellten Kompanien wieder an die Front
geschickt. In solch einem zusammengewürfelten Haufen an
die Front zu kommen, wäre das Schlimmste, was mir passieren konnte. Also setzte ich mich erst einmal an den Straßenrand und überlegte. Was tun? Wie kam ich über die Raab?
Schwimmend? Das ging nun wirklich nicht, es war März
und noch viel zu kalt. Ein Boot wäre die Lösung gewesen,
aber woher nehmen?

Inzwischen fuhren dicht an dicht Hunderte von LKW an
mir vorbei, alle Richtung Raabbrücke. Da, ich traute meinen Augen nicht, kam tatsächlich ein LKW mit dem Logo
unserer Jagdpanzer-Abteilung 543 Medikus auf dem vorde-
ren Schutzblech! Ich sprang auf, winkte, schrie wie verrückt.
Der Fahrer erkannte mich und hielt. Ich schwang mich wie
der Blitz auf den Beifahrersitz. Es war unser Waffenmeister.
Wenn uns jemand kontrolliert, sagte er, so sei ich eben der
Waffenmeistergehilfe. Ich war erst einmal gerettet. Froh und
dankbar über diese unerwartete Wendung kamen mir nun

doch Zweifel, daß mir in so kurzer Zeit nur der blinde Zufall derart oft gnädig gewesen sein sollte. War nicht eher eine unsichtbare Macht an meiner Seite, vielleicht ein Schutzengel, *mein* Schutzengel? Warum aber hatte gerade ich einen und so viele verstümmelte und gefallene Kameraden nicht? Sie hingen doch genauso an ihrem Leben wie ich. Fragen über Fragen, auf die es keine Antworten gab.

Ich hatte meine Kameraden wiedergefunden. Nach kurzer Ruhezeit ging es zurück an die Front, diesmal ohne Panzer, als Infanteristen in schwarzer Uniform. Wir fanden uns wieder in einem Schützengraben in der Steiermark, kurz hinter der ungarischen Grenze. Als ehemaliger Ladeschütze hatte ich nun ein Maschinengewehr. Zwei oder drei Wochen passierte nichts. Die Kameraden verbrachten die meiste Zeit im Bunker, nur ich, als MG-Schütze, saß meist stundenlang im Graben neben meiner Waffe.

Inzwischen waren die Russen bis auf Sichtweite, etwa 200 bis 300 Meter, herangerückt. Es tat sich aber vorerst nichts. Ab und zu ging ich in den Unterstand, in dem die Kameraden tatenlos saßen, um einen Schluck zu trinken. Als ich wieder einmal von dort zu meinem Schützenstand zurückkam, lag ein etwa zwanzig bis dreißig Zentimeter langer Granatsplitter genau dort, wo ich sonst saß!

Eines war klar: Meine beiden gesunden Oberschenkel verdankte ich der Abwesenheit im richtigen Augenblick. Ich fand immer mehr Gründe, an meinen Schutzengel zu glauben.

Es dauerte noch einige Zeit, dann zogen wir uns weiter zurück. Dabei wurde zunächst unser ehemaliger Fahrer verwundet. Zwei Tage später lagen mein Kommandant und ich zusammen im Loch unter Granatwerferbeschuß. Ihn verletzte ein Granatsplitter kurz über dem Auge. Meine alten Panzerkameraden wurden immer weniger.

Zwei Tage später, es war der 13. April 1945, hatten ein Kamerad und ich uns am Abend mit dem Maschinengewehr am Rande einer Lichtung etwa fünfzig Meter vor einem Wald

eingegraben. Als am Morgen die Russen anrückten, wollte
ich sie mit einer Maschinengewehrsalve begrüßen. Oh, Schiet,
nur noch ein Schuß! Ein Flügel am Schloß meines Maschi-
nengewehrs war gebrochen! Ich brauchte ein anderes. Auf
Kommando sprangen wir aus dem Loch, er nach rechts, ich
nach links zum Wald hin laufend. Maschinengewehrfeuer begleitete uns. Da spürte ich den Schlag im linken Oberschenkel. Verdammt, jetzt hatte es mich doch noch erwischt!
Ich fiel vornüber und kroch auf allen Vieren bis zum Wald.
Hier, außer Sichtweite der Russen, wartete ich auf meinen
Kameraden. Mit dessen Hilfe und einem abgebrochenen Ast
als Stütze erreichten wir den Gefechtsstand, wo unser Sanitäter mich verband. Ich hatte einen sauberen Durchschuß im
linken Oberschenkel. Unser Kradmelder brachte mich mit
seinem Beiwagenmotorrad zum Feldlazarett, wo ich sofort
operiert wurde. Hatte mich mein Schutzengel verlassen?
     Ich sage, nein, im Gegenteil. Durch diese Verwundung bin
ich wahrscheinlich der russischen Gefangenschaft entgangen.
Jeder weiß heute, was das bedeutet hätte. So kam ich über Graz,
Salzburg, München, Starnberg schließlich nach Herrsching am
Ammersee ins Lazarett. Die Einzelheiten dieses Transports
spielen für unser Thema hier keine Rolle, wohl aber die Tatsache, daß ich durch meine Verwundung das Ende des Krieges in
Sicherheit in Deutschland erlebte. Entscheidend waren ein paar
Millimeter. Hätte die Kugel den Oberschenkelknochen getroffen, so wäre ich wahrscheinlich mein Leben lang ein Krüppel
gewesen. Nur ein Nerv war teilbeschädigt, aber Nerven wach-
sen glücklicherweise nach. Es war also praktisch ein „Hei-
matschuß"– also doch das Werk meines Schutzengels?
     Ich neige zu dieser Ansicht, denn zur Heilung des Nervs im
Oberschenkel blieb ich bis August im Lazarett und hatte in
den ersten schlechten Nachkriegsmonaten eine relativ gute
Zeit. Nach Hause konnte ich sowieso nicht, meine Heimat lag
im Osten, hinter der Oder. Im August 1945 folgten dem Lazarett noch einige Wochen amerikanisches Gefangenenlager und

dann die Entlassung. Vor dem amerikanischen Entlassungs-offizier simulierte ich mit Hilfe eines Stocks eine Gehbehin-derung. Auch das hat geklappt und mich vor dem Transport zu Wiedergutmachungsarbeiten in Frankreich bewahrt. Mein Schutzengel liebte offenbar keine halben Sachen.

Mein Schutzengel im Frieden

Wieder in Freiheit, arbeitete ich einige Monate als Waldar-beiter bei Hildesheim und bekam dann eine Lehrstelle als Zimmermann. Obwohl Lehrling, zahlte mir mein Lehrherr Franz Borchard den Lohn eines Hilfsarbeiters. Ich bin ihm heute noch dankbar, denn damit konnte ich leben. Fast zwei Jahre war ich nun schon in der Lehre, und sie machte mir Spaß. An einem schönen, trockenen Herbsttag 1948 arbeite-ten wir auf einem Flachdach, da passierte es. Es war, ich gebe es zu, reiner Leichtsinn von mir, der mich fünf Meter tief hinunter auf den Betonboden stürzen ließ. Automatisch rollte ich mich beim Aufprall ab. Vielleicht kam mir hier ja mein Judotraining zugute.

Mein Rücken war grün und blau, aber im Kreuz war nichts gebrochen, nur die rechte Hand viermal. Nach zwei Wochen konnte ich wieder gerade laufen, viele sind nach solchen Stür-zen querschnittsgelähmt. Allerdings mußte ich meinen Be-ruf aufgeben, ich konnte lange Zeit keinen Hammer mehr halten. Ich glaube, es war doch mein Schutzengel, der wie-der einmal zur rechten Zeit zur rechten Stelle war, vielleicht saß er unsichtbar oben auf dem Dachfirst?

Nach Absolvierung einer Lehre als Großhandelskaufmann und Gründung einer Familie folgten interessante Zeiten: Um-zug nach Wien, Aufenthalt in der Schweiz, Umzug nach Pa-ris und schließlich wieder zurück nach Deutschland. In Stutt-gart arbeitete ich bei verschiedenen Firmen und gründete schließlich meine eigene.

Schwere Operationen habe ich, dank tüchtiger Ärzte, über-lebt und bin schon 87 Jahre alt. Die Gegenwart meines

Schutzengels hatte ich seit vielen Jahrzehnten nicht mehr bemerkt, wohl deshalb, weil ich keine größeren Gefahrenmomente mehr erlebte. Doch ist nicht vielleicht gerade dies auch ihm zu verdanken? Und dann habe ich ihn ganz plötzlich und unvorbereitet gesehen. Ich saß zurückgelehnt, entspannt in meinem Sessel. Da! Was war das, was mir im Bruchteil einer Sekunde wie ein Blitz durchs Auge fuhr? Ohne auch nur Zeit zum Nachdenken zu haben, schoß mir durch den Kopf: Das war er, mein Schutzengel! Kann das wirklich sein, ist das möglich? Oder bin ich nur naiv? Ich weiß es nicht, bin aber eher geneigt, meinem Augenschein zu trauen. Und wenn nicht, so gönnen Sie einem alten Mann diesen Glauben. Eventuell wollte er sich auch nur anmelden: „Hallo, ich bin noch da", denn nur wenige Monate später kam er mir noch einmal zu Hilfe. Wegen meiner Gehbehinderung habe ich mir einen elektrischen Cityroller gekauft. Das ist praktischer, als bei jeder Gelegenheit das Auto benutzen zu müssen. Ich war in der Stadt, in Stuttgart, und fuhr auf dem Gehweg, als plötzlich links von mir aus einer Tiefgarage ein Auto herausschoß. Es war für mich wie für ihn zu spät zu bremsen. Ich konnte mich nur retten, indem ich reflexartig einen Bogen fuhr. Nur wenige Zentimeter Abstand waren es, die mein kleines Gefährt vor der Stoßstange eines BMWs retteten. Mein Schutzengel war wieder einmal zugegen.

Nun hoffe ich, seine fürsorglichen Dienste für den Rest meines Lebens nicht mehr zu benötigen. Einen allerletzten Wunsch allerdings habe ich noch an ihn: Möge er mir einen sanften Tod bescheren. Hab Dank mein Engel.

*(Weitere **ZEITGUT**-Beiträge dieses Autors sind am Buchende vermerkt.)*

[Labiau/Deime – Frauenburg, Ermland-Masuren – Frisches Haff – Kahlberg, Ostpreußen*) – Danzig, West- preußen – Güstrow, Mecklenburg – Lübeck, Schleswig- Holstein; 1944/45]

Herbert Mildt

Halt auf freier Strecke

Meine Mutter Ruth Mildt, geborene Seeck, Jahrgang 1910, war erst 35 Jahre alt, als sie im Januar 1945 mit ihren vier Kindern ihre ostpreußische Heimat in verlassen mußte. Der Älteste, Gerhard, war da 15, Martin 14 Jahre alt. Dann kam ich mit 13 und nach mir der siebenjährige Dieter. Meine Großeltern väterlicherseits nannten wir „kleiner Opa" und „kleine Oma". Als sie jünger waren, hatten sie eine Bäckerei in Labiau. Neben der Bäckerei besaßen sie ein großes Haus mit mehreren Wohnungen. Sie waren sehr an- gesehene Leute in der Stadt. Die „große Oma" und der „gro- ße Opa", meine Großeltern mütterlicherseits, wohnten auch in Labiau, in der Griesstraße. Der Opa war Beamter und arbeitete beim Finanzamt, deshalb könnte ihr Heim eine Dienstwohnung gewesen sein. Opa nannte sich „Finanzin- spektor" oder so ähnlich, ein gut klingender Titel.

Mein Vater war im Krieg, die Mutter alleine mit vier Kin- dern, das war nicht einfach! Die Großeltern halfen da schon mit. Eine Zeitlang hatten wir auch ein Kindermädchen. Ger- hard hielt sich viel bei der kleinen, Martin und ich mehr bei der großen Oma auf, natürlich auch zum Übernachten. Wir Kinder empfanden das als schöne Abwechslung. War ich wie- der einmal bei ihnen, wurde für mich im Wohnzimmer auf

*) heute Polessk, Gebiet Kaliningrad, Rußland — Frombork — Krynica Morska in Polen

dem Sofa ein Bett hergerichtet. Abends saßen die Großeltern am Tisch mit der weit heruntergezogenen Lampe darüber. Der Lampenschirm war mit rötlichem Stoff bezogen. Opa sog an seiner Zigarre oder einer Pfeife. Der Rauch stand im Zimmer, besonders unter der Lampe, in großen Schwaden. Dabei bin ich dann eingeschlafen.

Da ich als gehorsam und gewissenhaft galt, mußte ich oft auf unseren kleinen Bruder Dieter aufpassen. Als er noch klein war, schob ich ihn in einem alten Kinderwagen wie wild durch die Gegend. Wenn wir eine gute Geschwindigkeit erreicht hatten, schwang ich mich halb über den Wagen, und wir sausten über die Bürgersteige. Ganz schön waghalsig! In den Parkanlagen vor dem Bahnhof gab es etwas Gefälle. Da schossen wir besonders schnell hinab. Die in mich gesetzten Erwartungen erfüllte ich also nur sehr bedingt.

Im Spätherbst 1944 vernahmen wir aus der Ferne oft ein tiefes Donnern und Grummeln, das besonders in den Abendstunden anschwoll. Es hörte sich wie ein Gewitter an, das noch ganz weit weg ist. Das war die herankommende Front, der Kanonendonner der Russen oder der deutschen Soldaten. Niemand sprach darüber, schon gar nicht mit einem Dreizehnjährigen. Aber ich hörte es natürlich wie alle anderen. Es kam von Osten, also von Tilsit und Memel, etwa hundert Kilometer von Labiau entfernt, wo die Grenze zu Litauen war. Zu dieser Zeit durfte keiner flüchten oder wegfahren – ein Befehl der Partei, die behauptete, kein Feind würde je die deutsche Grenze überschreiten.

Und doch war es alten Leuten bereits jetzt erlaubt, sich ins „Reich", also in den Westen, bringen zu lassen. Dazu gehörten auch die Großeltern väterlicherseits, die schon sehr alt waren – Opa etwa 88, Oma um die 80 Jahre. Mein Bruder Gerhard brachte sie im Herbst 1944 nach Güstrow, wo sie bei Tante Marga Unterkunft fanden. Das war die Frau von Onkel Herbert, Vaters Bruder, der auch im Krieg war. Sie lebte dort mit ihren beiden Töchtern Karin, damals drei Jah-

Das Foto aus dem Jahr 1939 zeigt uns vier Geschwister 1939 zu Hause in Labiau, Ostpreußen. Von links: Martin, Gerhard, in der Uniform der Hitlerjugend, der kleine Dieter und ich.

*Das Ordensschloß
Labiau in Ostpreußen
wurde 1360 auf einer
Insel als Wasserburg
erbaut und galt als
uneinnehmbar.*

re, und Vera, sieben Jahre alt. Auch ihre Eltern wohnten dort. Güstrow ist eine mittelgroße Stadt mitten in Mecklenburg, etwa sechzig Kilometer südlich von Rostock gelegen. Wie ich später gelesen habe, war im Dezember 1944 und in der ersten Januarhälfte 1945 an der Front etwas Ruhe eingekehrt – die Russen sammelten sich und bereiteten sich auf die entscheidende Schlacht gegen Deutschland vor. Weihnachten 1944 war für uns sehr traurig. Mein Vater, Otto Mildt, geboren 1904, von Beruf Kaufmann, war 1939 eingezogen worden, er war also gleich bei Kriegsbeginn im September gegen Polen dabei. Ein paar Jahre später hatte ihn der Krieg nach Italien verschlagen, wo er im Februar 1944 von Partisanen erschossen wurde. Er wurde nur 39 Jahre alt.

Die Erwachsenen wußten oder ahnten wohl, was auf sie zukommen würde. Die Partei verteilte Schokolade und andere Süßigkeiten an die Kinder, besonders an diejenigen, die keinen Vater mehr hatten. Es war vermutlich erbeutete Ware, vielleicht aus Holland oder Frankreich. Unsere Schule, schon seit mehreren Monaten ein Kriegslazarett, wurde Mitte Januar 1945 Feldlazarett. Die Stimmung war sehr bedrückend, das bekam auch ich mit. Immer noch durfte keiner die Heimat verlassen. Viele Militärfahrzeuge und Krankenwagen bestimmtem das Stadtbild, überall Soldaten. Unter der Bevölkerung herrsche Panik. Mitunter kamen deutsche Soldaten in unsere Wohnung, die erstaunt fragten: „Was, Sie sind noch hier?" Ich habe das nicht gehört, aber unsere Mutter hat es uns später oft erzählt. Der Winter setzte jetzt richtig ein. Draußen schneite es, die Temperaturen sanken rapide und es wurde sehr kalt.

Der 22. Januar

Dann kam der 22. Januar. Das war der unglückliche Tag, an dem wir unsere Heimat verlassen mußten. Der Befehl zum Flüchten war gekommen! Ich hatte noch nicht dieses tiefe Gefühl der Erwachsenen, die den Ernst der Stunde begriffen. Meine Mutter packte eilig Sachen in Koffer, Kartons und in eine transportable Nähmaschine, dazu in eine Kiste die gute Geige von Onkel Martin. Dann brachten wir die Gepäckstücke zum Bahnhof. Ich hatte einen kleinen Schlitten, mit dem ich sie einzeln transportierte. Auf dem Bahnhof, wo ein Güterzug bereit stand, war großes Geschrei, Angst hatte die Menschen gepackt. Das viele Gepäck wurde in den letzten Waggon verladen. Als es schon dunkel war, kamen auch Mami und ihre Eltern auf den Bahnsteig zu uns Kindern. Schreckliche Minuten – was haben die Erwachsenen wohl empfunden?

Opa saß auf einem niedrigen Gepäckstück, ganz geknickt und mit gesenktem Kopf. Er hatte ein Gewehr zwischen den Knien, denn er gehörte nun zum Volkssturm. Es müssen die schlimmsten Minuten in seinem Leben gewesen sein. Tränen liefen ihm die Wangen hinunter. Nach und nach bestiegen wir den Viehwagen, jeder half dem anderen, hoch zu kommen. Meine Mutter stand zuletzt noch neben Opa und sagte mit befehlender Stimme: „Papa, du mußt jetzt mitkommen, du kannst nicht hier alleine bleiben!" Schweren Herzens kam Opa schließlich doch mit. Ich weiß nicht, wieviele Menschen in den Waggon hineinpaßten – sechzig, achtzig oder hundert? Unsere ganze Familie drängte sich auf einem Haufen zusammen. Es war dunkel, nur durch die geöffnete Tür fiel noch etwas Licht. Der Waggon war proppenvoll, es gab keine Fenster, keine Toilette, keine Bank, keinen Platz zum Liegen, nur den nackten Fußboden. Man hockte mit angezogenen Beinen, vom Nachbarn ein Bein oder einen Ellbogen im Rücken. Es war furchtbar!

Nachdem die Tür von außen verriegelt worden war, es stockdunkel. Nur Jammern und Stöhnen und gelegentliches Aufkreischen drangen in die Ohren. Alte Leute klagten laut, kleine Kinder und Babies weinten. Der Gestank wurde mit der Zeit überwältigend, denn es gab keine sauberen Windeln für die Kleinen. Vor Müdigkeit und Erschöpfung müssen wir wohl auch mal eine Stunde eingeschlafen sein. So nahm die Flucht ihren Anfang. Nur weg von den Russen! Die mußten jetzt wohl dicht vor Labiau stehen, wahrscheinlich auf dem anderen Ufer des Flusses, der Deime. Ob die Adlerbrücke noch stand?

Nur weg von den Russen habe auch ich gedacht. Es wurde viel von ihnen gesprochen, Gerüchte über bestialische Vergewaltigungen machten den Frauen und Mädchen angst. Auch hieß es, die Russen würden uns Jungen mit den Gewehrkolben die Knie einschlagen, wenn wir ihnen in die Hände fielen.

Zurückgelassen

Der Zug fuhr zunächst in Richtung Königsberg, dann sollte es nach Elbing, Danzig und weiter gen Westen gehen. Nach einer langen Zeit merkten wir plötzlich, daß der Zug nicht mehr rollte. Stille kehrte ein. Was war los?

Die Tür wurde aufgemacht. Es wurde schon etwas hell, die Nacht war vorbei. Jeder wollte etwas wissen, jeder war neugierig. Der Zug stand mitten auf der Strecke. Einige Männer, die draußen durch den tiefen Schnee stapften, sagten, der Zug würde einige Zeit halten. Wer wolle, könne zum nächsten Bauernhof gehen, um etwas Milch zu holen. Mami gab Gerhard eine Thermosflasche und mir einen kleinen Topf, groß genug für etwa einen Dreiviertelliter Milch. Wir sprangen aus dem Waggon hinein in die weiße Winterlandschaft. In der Ferne konnte man ein oder zwei Bauernhöfe erkennen. Wir liefen die kleine Böschung hinunter, durch tiefen Schnee den Häusern entgegen. Etwa zwei Dutzend Leute machten sich mit uns auf den Weg. Als wir ungefähr 150 Meter von der Bahnstrecke entfernt und den Häusern schon ganz nahe waren, stieß die Lokomotive unseres Zuges drei, vier gellende Pfiffe aus. Auf uns wirkten die Signale alarmierend, wir drehten alle um und rannten durch den tiefen Schnee zurück, so schnell wir konnten. Doch das Schreckliche passierte: Der Zug fuhr fort – ohne uns!

Verloren stand ein Häuflein Menschen an den Gleisen und war fassungslos – wer konnte das begreifen?

Kein Mensch war zu sehen, der uns eine Erklärung hätte geben können. Ich verstand gar nichts. Mein großer Bruder wußte wohl besser, in welcher Lage wir uns befanden. Er suchte zunächst eines der Telefone, die es manchmal neben den Gleisen gab, aber nichts war zu sehen. Also machten wir uns auf und versuchten, im Laufschritt den Zug einzuholen, der uns verlassen hatte. Unsere große Hoffnung dabei war, er könne vielleicht ein weiteres Mal auf offener Strecke stehenbleiben. Ich weiß nicht, wie weit und wie lange wir auf den Gleisen rannten. Unsere Gruppe Zurückgebliebener war schon lange nicht mehr zusammen. Wir zwei Brüder zogen allein des Wegs, bis sich uns ein Junge anschloß, den wir von daheim kannten. Er hatte in der Kehrwiederstraße gewohnt, war 14 Jahre alt und hieß Gerhard Reese.

Schließlich erreichten wir einen kleinen Bahnhof. Auf dem Nebengleis stand ein Personenzug, überfüllt mit Menschen – Flüchtlingen. So mußten auch wir uns nun nennen, das war auch unser Los. Hier erfuhren wir, daß ein Güterzug, angeblich der unsere aus Labiau, die Gleise freimachen mußte, weil russische Panzer durchgebrochen waren und in Richtung Elbing vorstießen. Mein Bruder wußte, was das bedeutete: Wenn die Russen in Elbing waren und noch zwanzig bis dreißig Kilometer weiter zur Ostsee oder zum Haff vordrangen, dann würde Ostpreußen ein Kessel werden und wir eingeschlossen sein wie die Heeresgruppe Kurland bei Riga. Daß der Labiauer Zug der letzte war, der Elbing passierte, haben wir erst später erfahren. In der Hoffnung, er führe nach Westen, drängten wir drei Jungen uns in den überfüllten Personenzug. Es war nicht zu schwierig, denn wir hatten ja kein Gepäck. Über die Leute, ihre Koffer und Taschen krabbelnd, fanden wir im Toilettenabteil einen Platz, obwohl das ebenfalls mit Kisten, Bündeln und jeder erdenklichen Art von Bagage angefüllt war.

Gerhard hatte einer alten Frau in den Zug geholfen und von ihr als Dank eine ihrer in Leinen und Sackstoff eingepackten Speckseiten erhalten. Wir aßen davon, doch nicht lange danach erbrach ich alles. Der leere Magen konnte das viele Fett nicht vertragen.

Der Zug hatte sich noch immer nicht in Bewegung gesetzt, als es plötzlich auf dem Bahnsteig entlang der Waggons Unruhe und Aufregung gab. Militärpolizisten kamen herein. Sie durchsuchten die Wagen nach Soldaten, die vielleicht von ihrer Truppe abgekommen oder desertiert waren und sich unter die Flüchtlinge gemischt hatten. Auch mein Bruder wurde verhört, denn er war für seine fünfzehneinhalb Jahre recht groß. Gerhard berichtete wahrheitsgemäß, daß wir unsere Mutter und die übrige Familie verloren hätten und ich der dreizehnjährige Bruder sei, den er in seiner Obhut habe. Es waren sehr angespannte Momente, endlos erscheinende bange Minuten, bis Gerhard freigelassen wurde. Immer noch stand der Zug. Wie lange wir darin ausharrten, kann ich nicht sagen. Vielleicht zwei Stunden? Uns erschien es wie eine Ewigkeit! Schließlich glaubten wir nicht mehr daran, mit ihm auch nur die kleinste Strecke vorwärts zu kommen. Gerhard wollte nun versuchen, auf andere Weise Richtung Elbing zu gelangen. Also raus aus dem Zug! Gerhard hatte auch gleich einen kleinen Pferdeschlitten im Visier, den eine ältere Bauersfrau lenkte. Sie lenkte ihn gerade weg vom Zug, hatte es wohl aufgegeben, darin zu fliehen, und wollte wieder nach Hause. Flink sprangen wir auf den Schlitten, wo gerade noch ein winziges Eckchen Platz für uns war. Gerhard setzte sich gleich vorne neben die kutschierenden Frau. In wenigen Minuten waren wir bei ihrem Haus. Gerhard versuchte, ihr den Schlitten abzuschwatzen oder zu „leihen". Er erklärte, wir müßten schnell nach Elbing, wo unsere Mutter auf uns wartete, und wir würden Schlitten und Pferd sehr bald zurückbringen. Die Frau wollte nicht darauf eingehen, aber Gerhard ließ nicht locker und hatte bereits die Zügel in der Hand. Schließlich schreckte er auch vor Drohungen nicht zurück, zog die Pistole unseres Vaters, die er in seiner Tasche hatte, und forderte in scharfem Ton Schlitten und Pferd. Da endlich gab die Frau nach, vielleicht hatte sie auch noch mehr Pferde im Stall. Auf jeden Fall, bat sie, sollten wir das Pferd nicht verlassen oder es wenigstens in einem Stall unterstellen, wenn wir uns doch von ihm trennen müßten. Das versprachen wir ihr. Gerhard ging dann noch mit ihr ins Haus und kam zurück mit einem Sack, darin eine Flasche Sahne und einen toten Hahn. Hatte er diese Kostbarkeiten mitbekommen oder mitgenommen?

Eine abenteuerliche Schlittenfahrt
Nun begann eine abenteuerliche Schlittenfahrt. Mein Bruder hielt die Zügel fest in den Händen. Gerhard Reese und

ich saßen hinter ihm. Der Schlittenaufsatz war als Kasten gearbeitet und bot Raum für vier Säcke Getreide oder sechs Säcke Kartoffeln. Es war also für uns mehr als genug Platz, und herausfallen konnten wir auch nicht. Sogar eine Decke war da. Wir hatten nur ein Ziel: nach Westen! Bald war es dunkel. War es vier Uhr nachmittags oder bereits Mitternacht? Wir hatten überhaupt kein Gefühl mehr für die Tageszeit. Später kamen wir auf eine Chaussee und mußten eine Menge Flüchtlingswagen überholen, einen langen Treck auf dem Weg nach Elbing. Mit unserem kleinen Schlitten und nur einem Pferd überholten wir einen Wagen nach dem anderen, auch wenn wir mal schief in den Graben kamen. Oft fuhren die Flüchtlingswagen nur im Schrittempo, Kinder, alte Leute und Gepäck im Wagen, manchmal Frauen nebenher marschierend. Ein reges Treiben, Militärfahrzeuge waren auch dabei. Wie aus heiterem Himmel vernahmen wir plötzlich Kreischen, angsterfüllte Stimmen riefen: „Russische Panzer! Russische Panzer!"

Die Leute schrieen wie wild, Panik brach aus. Pferde wieherten erschrocken, der gesamt Treck kam zum Stillstand. Dann scholl es erneut: „Russische Panzer!"

Alle Flüchtlingswagen begannen gleichzeitig umzudrehen. Chaos, Aufregung und ein heilloses Durcheinander, auf der zweispurigen Landstraße ein unglaublicher Anblick! Frauen und alte Männer beruhigten scheuende Pferde, hielten sie oder führten die Tiere am Kopf, um beim Umdrehen der Wagen zu helfen. Langsam kam der Treck wieder in Bewegung, nun aber in Richtung Osten, nach Königsberg. Wir zogen mit ihm, überholten aber mit unserem Schlitten nach und nach wieder alle Fahrzeuge, die wir nach einiger Zeit ganz hinter uns zurückließen.

Unser Pferd kam im guten Laufschritt voran. Mir fiel aber auf, daß es hinkte, als sei ein Hinterbein kürzer als das andere. Auf der langen Straße begegneten wir auch einigen

Leuten zu Fuß – Frauen mit Bettdecken auf den Armen, in denen sie kleine Kinder trugen. Wir konnten sie nicht mitnehmen, auch wenn sie bettelten und flehten. Allerdings verschaffte sich ein gutaussehender Offizier Platz auf unserem Schlitten. In seiner Aktentasche hatte er Dokumente, die er unbedingt weiterbefördern müsse, so sagte er. Wir kreuzten eine andere Straße, fuhren nun in eine andere Richtung und gelangten nach Frauenburg, einem Städtchen am Frischen Haff. Frauenburg war die Wirkungsstätte des Astronomen Nikolaus Kopernikus gewesen, der um 1509 entdeckte, daß die Erde um die Sonne kreist. Hier stellten wir Pferd und Schlitten in eine Scheune und machten uns in tiefem Schnee zum Frischen Haff auf.

Über das Eis

Das Frische Haff, etwa achtzig Kilometer lang und zwölf bis fünfzehn Kilometer breit, ist durch einen rund siebzig Kilometer langen, schmalen Landstreifen, die Nehrung, von der Ostsee getrennt. Wir wollten nun auf dem dicken Eis das Haff überqueren, um auf die Nehrung und dann am Strand entlang gen Westen zu kommen, bevor die Russen Ostpreußen völlig einschlössen. In der absoluten Finsternis, die uns umgab, wirkte die riesige Schneefläche gespenstisch. Wir erschienen als kleine, dunkle Gestalten. Am Anfang unseres Fußmarsches waren kaum Menschen zu sehen. Wir erkannten aber einen Pfad im Schnee, der auf das Haff führte. Also waren hier schon Leute vor uns gegangen. Nach einer kurzen Strecke auf der weiten weißen Fläche tauchte plötzlich ein Tannenbaum auf, der ins Eis gesteckt war. Es sah grotesk aus. Am Baum vorbei führte der Weg wieder minutenlang ins Niemandsland des Schneemeeres. Und siehe da, wieder tauchte ein Baum auf! Waren das Wegweiser, von Fliehenden für Nachfolgende gesetzt?

Alle 200 bis 300 Meter stand so ein Baum! Nach einer recht langen Zeit erblickten wir vor uns ein paar Gestalten. Ir-

gend etwas war dort vorne los. Hatten wir die Nehrung bereits erreicht?

Nein, wir standen vor einer aufgebrochene Stelle, in der
große und kleine Eisschollen schwammen. Das war die von
einem Eisbrecher freigemachte Fahrrinne, die von Königsberg
und Pillau nach Elbing oder zur Weichsel führte und offen
gehalten werden sollte. An die 15 Meter war sie breit. Auf der
gegenüberliegenden Seite konnten wir wieder Gestalten im
Dunkel erkennen. Niemand sprach, es war vollkommen still.
Als wir entdeckten, daß auf den Eisschollen etwa 25 Zentimeter breite Planken lagen, war die Frage des Hinüber-
kommens geklärt. Zivilisten oder Soldaten mußten sie vor
uns bis hierher geschleppt und dann als Stege über die Eisschollen gelegt haben. Auf diese unsicheren Bretter mußten
nun auch wir uns wagen. Gerhard war schon auf einem solchen Pfad und balancierte darauf hinüber. Mit einem gewissen Abstand sollte ich folgen. Plötzlich gab es gegenüber, kurz
vor dem festen Eis, einen Tumult. Gerhard war von den Planken abgerutscht und bis zum Kopf ins kalte Wasser gefallen!
Er konnte gerade noch ein Stück vom Rand der stabilen Eis-
fläche ergreifen und sich festhalten. Soldaten zogen ihn heraus. Gerade gerettet, rief er mir schon zu: „Herbert, schön
aufpassen, rutsch nicht ab!"

Ich schaffte es. Gerhard stand da im aufgewühlten Schnee,
pudelnaß, aber trotzdem zuversichtlich. Jemand gab ihm eine
Decke, die er sich um die Schulter legte. Gerhard muß in
dieser Situation sehr stark und abgehärtet gewesen sein,
voller Willenskraft, den Weg zur Nehrung zu schaffen. Nachdem Gerhard Reese auch herübergekommen war, ging der
Fußmarsch weiter. Wie lange hatten wir noch zu wandern?

Eine Nacht am Ofen, dann weiter
Plötzlich tauchten ein paar kleine Fischerhäuser auf. Tatsächlich, wir hatten kein Eis mehr unter den Füßen, standen auf festem Boden! Wir waren nun auf der Nehrung, dem

langen, schmalen Landstreifen, angekommen. Das Gelände stieg etwas an. Durch den Schnee gingen wir weiter und auf ein Haus zu. Etwas Licht in einem der Fenster wies uns die Richtung. Bald fanden wir drei uns in einer kleinen, bescheidenen Wohnstube wieder. Drinnen war es schön warm. Zwei junge Frauen hatten uns hereingelassen. Ganz aufgeregt wollten sie von uns wissen, was wir erlebt und gehört hatten. Ihre Männer seien bei der Wehrmacht auf der anderen Seite des Haffs. Die Frauen sorgten sich sehr um sie, denn sie hatten schon Kanonendonner vernommen. Sicherlich gaben sie uns etwas Warmes zu essen und zu trinken, genau erinnern kann ich mich nicht, viele Einzelheiten sind mir entfallen. Auf jeden Fall halfen sie Gerhard, seine nassen Kleider und Schuhe am warmen Ofen zu trocknen. Ich hatte das Gefühl, weit von zu Hause entfernt zu sein, denn das Platt, das die Frauen sprachen, klang etwas anders als jenes, das ich von Labiau her kannte. Ein Wort ist mir in Erinnerung: Bei uns daheim hieß es „natt" anstatt „naß", hier sagten die Frauen „naut zu dem nassen Zeug, das Gerhard am Körper trug. Ich lag schon auf einem Sofa, wo ich vor Erschöpfung sofort einschlief.

Am nächsten Morgen waren wir früh wieder unterwegs. Es war bitter, bitter kalt, bestimmt minus 25 oder minus 30 Grad. Der Himmel war strahlend blau, der Schnee knirschte bei jedem Schritt unter den Füßen. Bald erreichten wir die Nehrungsstraße. Kein Mensch weit und breit. Als ein Tiefflieger über uns hinwegsauste, warfen wir uns neben der Straße in den Schnee. Zum Glück schoß er nicht auf uns. Weiter ging es Richtung Danzig. Als wir etliche Kilometer marschiert waren, erreichten wir endlich einen Ort. Es war Kahlberg, in besseren Zeiten beliebt für den Badeurlaub. Auf der Hauptstraße sahen wir Zivilpersonen, Soldaten, mehrere Autos und Lastwagen. Ohne viel zu überlegen bestiegen wir mit Soldaten einen Lastwagen. Gerhard hatte wohl gefragt, ob sie nach Danzig führen. Der Motor lief schon. Die Plane hinten wurde ganz dicht gemacht, denn wir wollten uns vor der grimmigen Kälte schützen. In gewissen Abständen hieb mir Gerhard den Ellbogen in die Rippen, um mich aufzuwecken. Er fürchtete, mir könnten im Schlaf die Füße erfrieren. Was draußen vor sich ging, konnten wir nicht wahrnehmen. Auch in Danzig war es Nacht, als wir vom Lastwagen sprangen. In einem der großen öffentlichen Gebäude der Stadt, vielleicht war es eine Schule oder eine Kaserne, hoffte Gerhard, etwas über den Labiauer Zug zu erfahren. Wir blieben dort nicht lange und machten uns bald auf den Weg zum Bahnhof. Um die damals übliche Sperre zu passieren, brauchte man nun weder Bahnsteigkarten noch Fahrscheine. Auf dem Bahnsteig verteilten Angehörige der „Frauenschaft" belegte Brote und heiße Getränke. Das war eine tolle Sache, denn wir waren ganz schön ausgehungert. Wieder drängten wir uns in einen vollbesetzten Zug, der diesmal nach Stettin fahren sollte. Alle hofften, daß er es danach auch noch weiter Richtung Lübeck und Hamburg schaffen würde. Aber unser Ziel war Güstrow, wo Tante Marga wohnte und seit kurzem ja auch die Großeltern väterlicherseits. Es war eine ziemlich lange Strecke von Danzig bis dorthin, noch dazu in diesen Zeiten! Aber wir schafften es.

Nicht in die Hände der Russen fallen!

Als wir in Güstrow ankamen, war es wieder einmal fast dunkel. Alles wirkte wie eine andere Welt – kein Schnee und Eis, keine klirrende Kälte. Der ostpreußische Winter und der tobende Krieg lagen nun etwa sechshundert Kilometer hinter uns. Nie werde ich den Augenblick vergessen, als uns bei Tante Marga die Tür zur Stube aufgemacht wurde! Der kleine Opa und die kleine Oma, aber auch Tante Marga selbst konnten ihren Augen kaum trauen! Oma warf vor Erstaunen und Freude die Arme hoch über den Kopf. Alles wollten sie auf einmal wissen – unglaublich dieser Moment! In den Radionachrichten hatten sie gerade von der Ostfront gehört, auch Ostpreußen war erwähnt worden. In Labiau gebe es harte Kämpfe, hatte es geheißen, von 30 angreifenden russischen Panzern seien 27 vom Volkssturm abgeschossen worden. Kreisleiter Mekin habe den Heldentod gefunden. Und in diesem Moment kamen wir drei Jungen zur Tür herein! Wo aber mochte der Labiauer Zug mit unserer Mutter, den Brüdern und den „großen" Großeltern geblieben sein? Er hatte es bis Belgard in Pommern geschafft. Dort angekommen, wurden die Menschen in dem kleinen Städtchen untergebracht. Unsere Mutter sagte immer: „Wenn Gerhard und Herbert noch am Leben und nicht unter die Russen gekommen sind, wenn sie es über die Weichsel geschafft haben, dann kommen sie auch bis Güstrow!"

Sie gab ihre Hoffnung, uns lebend wiederzufinden, nicht auf. Doch das erfuhr ich erst später. Zunächst hatten wir keine Möglichkeit, etwas über den Labiauer Zug zu erfahren.

An der Front herrschte ein großes Chaos: Schwere Kämpfe gegen die überlegenen Russen, Tausende Flüchtlinge auf den Straßen, dazu die sich zurückziehende Wehrmacht. Der Vorstoß der Russen war kein Geheimnis mehr. Königsberg und Umgebung waren nun eingeschlossen.

Der Ostsee-Hafen Pillau bei Königsberg und die Häfen an der Danziger Bucht wurden noch gehalten. Somit konnten Tausende von Menschen, die wie wir über das Frische Haff geflüchtet waren, mit Schiffen in den Westen Deutschlands, aber auch nach Dänemark, über die Ostsee evakuiert werden. Nicht alle erreichten das ersehnte Ziel. Am bekanntesten ist das Schicksal der „Wilhelm Gustloff", die, beladen mit Verwundeten und Flüchtlingen, von einem russischen U-Boot versenkt wurde. Über 8 000 Menschen fanden dabei den Tod. Unter ihnen auch unsere Tante Toni, die einzige Schwester unseres Vaters.

Die Russen drangen nun immer weiter vor. Unsere Mutter wollte auf keinen Fall in ihre Hände fallen. Wieder erwischte sie im letzten Moment einen Zug nach Westen und

Diese Aufnahme von mir entstand nach der Flucht aus Ostpreußen im Februar 1945 in Güstrow.

kam mit Martin und Dieter nach Güstrow, in der Hoffnung, Gerhard und mich wiederzufinden. Das Glück war auf unserer Seite. Nach langer, ungewisser Trennung waren wir wieder vereint. Die Eltern meiner Mutter schafften es bis Malchin in Mecklenburg, wo sie seßhaft wurden.

Die Zeit von Februar bis Anfang April verlief im mecklenburgischen Güstrow recht normal. Man merkte nicht viel vom Krieg. Allerdings sahen wir öfter hoch am Himmel Bombengeschwader der Amerikaner und Engländer in Richtung Berlin und andere Städte fliegen. Unaufhaltsam rückten die Russen im Osten weiter vor, Engländer und Amerikaner überquerten den Rhein und erkämpften große Teile Deutschlands vom Westen her. Als die Russen schon weit nach Meck-

lenburg vorgedrungen waren, floh unsere Mutter zum dritten
Mal. Getreu ihrem Motto „Nicht in die Hände der Russen fallen!" zog sie mit uns an einem Spätnachmittag zum Bahnhof.
Wir gingen gar nicht erst durch das Bahnhofsgebäude, sondern
liefen gleich über die Gleise zu einem Lazarettzug. Im letzten
Waggon fanden wir Platz und wünschten nichts sehnlicher, als
möglichst weit westwärts in Richtung Lübeck zu gelangen.
Langsam setzte sich der Zug in Bewegung. Bei Bad Kleinen
aber wurde unsere Lokomotive von Tieffliegern beschossen. Wir
hörten ein lautes „Tack-tack-tack-tack", ein dröhnendes Gedon-
ner, das höchstens zwei bis drei Sekunden dauerte, und dazu
ein sehr lautes Rauschen von Motoren. Instinktiv warfen wir
uns alle auf den Fußboden, obwohl wir im ersten Moment nicht
erfaßten, was passiert war. Im Bruchteil einer Sekunde sah ich
noch den Schatten eines Fliegers. Nach wenigen Minuten stand
der Zug. Wir lehnten uns aus dem Fenster. Vor lauter riesigen
Dampfwolken, die ihr unentwegt entströmten, war die Lokomotive kaum zu erkennen. Wahrscheinlich war der Dampfkes-
sel getroffen worden. Lokführer und Heizer waren verwundet.

Da standen wir nun mitten in der Gegend. Es dauerte ein
oder zwei Tage, bis eine neue Lokomotive den Zug in Bewegung setzte. Jedoch nicht lange. Nach ein paar Stunden hielt
der Zug erneut, diesmal dicht vor einer kleinen Eisenbahnbrücke, die einen breiten Graben oder Kanal überquerte. Hier
tauchten die ersten englischen Soldaten auf – wir waren nun
endlich den Russen entkommen! Gerhard und Martin wand-
ten, nicht ganz korrekt, ihre englischen Schulsprachkennt-
nisse an und wechselten mit ihnen einige Worte. Sie rade-
brechten: „The Russians are no good." Es war falsches Englisch, aber aus tiefstem Herzen gesprochen. Wir empfanden
ein unheimliches Gefühl der Erleichterung.

Kriegsende in Lübeck

Der Zug setzte sich nun wieder in Bewegung, langsam rollten wir in den Lübecker Bahnhof hinein. Es war deutlich zu

spüren, daß hier die englische Besatzung regierte. Ob der
Krieg schon zu Ende war? Es müssen die ersten Maitage gewesen sein. Millionen
Flüchtlinge aus Ost- und Westpreußen, aus Pommern, Schle-
sien, dem Sudetenland, aus dem Baltikum und Osteuropa,
die die Flucht vor den Russen geschafft hatten, waren in den
Westen Deutschlands geströmt. Schleswig-Holstein und natürlich Lübeck waren besonders betroffen und konnten die
Flut der unaufhaltsam ankommenden Menschen kaum fassen. Alle Bunker, Schulen und öffentlichen Gebäude waren
mit Flüchtlingen überfüllt. Die dem Lübecker Bahnhof gegenüberliegende St. Lorenz-Kirche wurde geöffnet, Hunderte fanden dort ein Dach über dem Kopf. Auch wir kamen
vom Bahnhof direkt in diese Kirche. Ich weiß noch ganz genau, auf welcher Kirchenbank ich geschlafen habe. Nachts
gab es oft Aufregung. Die englische Militärpolizei suchte mit
Scheinwerfern wahrscheinlich nach SS-Soldaten und Partei-
Bonzen. Unsere Mutter hatte nach allen Strapazen noch die
Kraft, uns eine kleine Wohnung in Lübeck zu suchen, die sie
schließlich auch in der Klappenstraße fand. Nach einigen
Tagen schon zogen wir dorthin.

Am 8. Mai 1945 kapitulierte Deutschland und der Krieg
war zu Ende. Wie vielen anderen liefen auch mir, so jung ich
war, Tränen über die Wangen. Wir hatten alle nur ein Hemd
und eine Hose am Körper, dazu unsere Winterjacken aus Ostpreußen. Die Heimat war verloren. Doch wir waren jung und
am Leben! Trotz aller Zerstörung, die wir auch in Lübeck
sahen, waren wir zuversichtlich, daß jetzt ein neues Leben
beginnen müßte.

Was aus uns wurde

Bald nach Kriegsende lernte unsere Mutter Philipp, meinen
zukünftigen Stiefvater, kennen. Sie heirateten und zogen
nach Delmenhorst, dann nach Bremen. Da Dieter erst neun
Jahre alt war, blieb er bei der Mutter. Gerhard fand eine Lehr-

stelle als Bäcker in Trittau bei Hamburg. Später sattelte er in die Herrenbekleidungsbranche um und machte sich in Köln selbstständig. Martin beendete seine Schulausbildung in Lübeck. Er fand eine Lehrstelle als Technischer Zeichner bei der „Lübecker Maschinenbau Gesellschaft". Danach studierte er in Kiel. Dieter lernte im Buchdrucker-Gewerbe in Oldenburg bei Bremen und war danach in der Werbung tätig. Ich beendete meine Schulzeit in Lübeck, worauf ich eine kaufmännische Lehre im Lebensmittel-Einzelhandel begann. Für Martin und mich wurde Lübeck zur zweiten Heimat. Da wir beide schon in Ostpreußen Turner gewesen waren, traten wir gleich in die „Lübecker Turnerschaft" ein. Die „Turnerschaft" gab uns ein Zuhause und viel Halt. Wir errangen auch eine Anzahl von Meisterschaftstiteln und waren sehr stolz auf unsere Erfolge, wir strebten danach, ein gutes Vorbild für die Jugend zu sein.

Im Jahre 1955 wanderte ich nach Porto Alegre in Brasilien aus, wo ich vier Jahre in der Verkaufsabteilung eines Werkzeugmaschinen-Betriebs tätig war. Ich trat in den Deutsch-Brasilianischen Turnverein ein und nahm auch dort erfolgreich an Wettkämpfen teil. Das ermöglichte mir, in mehrere große Städte des Landes zu reisen.

1959 kam meine spätere Frau Gisela nach Brasilien. Ich lernte sie in Rio de Janeiro kennen. Im selben Jahr wanderte ich nach New York aus. 1960 heirateten wir. Sechs Jahre arbeitete ich in einer Import-Firma in Downtown Manhattan. Von 1966 bis 1986 hatten wir ein German American Delicatessen-Geschäft in Astoria/Queens, einem Stadtteil von New York City.

Unsere Mutter starb im Sommer 2005 im Alter von 95 Jahren.

[Zagreb, Jugoslawien – Gotenhafen, heute Gdynia, Polen –
Salzburg, Österreich – München, Bayern;
1943 – 1953]

Elisabeth von Blumenstein

Ich sollte mit der „Gustloff" fahren

Als Volksdeutsche 1922 in Kroatien geboren, lernte ich 1941
meinen späteren Mann dort kennen. Er war deutscher Staatsbürger und arbeitete in einer deutschen Firma, die Nieder-
lassungen in der ganzen Welt hatte. Offenbar wurden dort
wichtige Dinge produziert, denn er war in der damaligen
Kriegszeit nicht Soldat, sondern „u. k." – das heißt: unab-
kömmlich – gestellt.
Meine Eltern, die 1936 zur Eröffnung der Olympiade in Berlin zum ersten Mal in ihrem Leben Deutschland besucht hatten, waren von Land und Leuten total begeistert. So freute ich
mich, als ich 1943 heiratete, dieses Land kennenzulernen.
1942 wurde mein Mann dann doch eingezogen – zur Mari-
neartillerie nach Gotenhafen. Weil ich am Anfang unserer
Ehe noch keine Kinder hatte, reiste ich 1943 zu ihm und
arbeitete dort ehrenamtlich in einem NSV-Kindergarten*).
Daß ich unentgeltlich tätig war, sollte sich später als Glücksfall erweisen.
Als Anfang Januar 1945 die Front immer näher kam und
man bereits Geschützdonner hörte, wurde der Befehl erteilt,
alle Kindergärten und deren Leiterinnen hätten auf der „Wilhelm Gustloff" mitzufahren, die über die Ostsee Flüchtlinge
und Verwundete ins „Reich" brachte. Aber die Worte meines

*) NSV: Nationalsozialistische Volkswohlfahrt

Als Deutschland am 5. März 1941 Jugoslawien den Krieg erklärte, mußten alle „Reichsdeutschen" zurück ins „Reich" – vorerst. Auch mein Verlobter. Er kam im Sommer wieder zu seiner Arbeitsstelle und zu mir.

Vaters klangen mir im Ohr: „Wenn es zum Kriegsende kommt, treffen wir uns alle bei Verwandten in Salzburg." Jetzt kam mir zugute, ehrenamtlich gearbeitet zu haben, denn damit betraf die Anordnung, per Schiff den Osten zu verlassen, mich nicht. So machte ich mich, nur einen Rucksack auf dem Rücken, aber einen eleganten Hut auf dem Kopf, auf zum Gotenhafener Bahnhof. Dort spielten sich schreckliche Szenen ab; viel zu viele wollten mitfahren, eigentlich alle Zivilisten, die noch in der Stadt waren. Endlich, endlich wurde ein Zug zusammengestellt. Ich war unter den Glücklichen, die es geschafft hatten, in einen Waggon hineinzugelangen. Es war ein sehr relatives Glück, denn während der Fahrt wurden wir von Tieffliegern beschossen, hatten kaum etwas zu essen, nichts zu trinken. Die armen, kleinen Kinder! Zum Teil waren sie krank, es war schrecklich!

Ich weiß nicht mehr, wie lange wir von Gotenhafen nach Berlin gebraucht haben. Auch dort waren die Züge zur Weiterfahrt voll mit Verwundeten und Kranken. Ich bekam einen kleinen Platz im Gang und war glücklich, als ich nach langer Fahrt in Salzburg ankam. Hier erlebte ich das Kriegsende und erfuhr vom Untergang der „Gustloff". Ich war erschüttert!

Nach über einem Jahr ohne Kontakt stand mein Mann Anfang 1946 vor der Tür. Ich war überglücklich!

Diese Foto aus dem Jahr 1942 zeigt mich als Erzieherin im volksdeutschen Kindergarten in Zagreb-Agram.

1950 kam unsere Tochter zur Welt. Nun waren wir schon eine kleine Familie.

Als deutsche Staatsbürger mußten wir im Sommer 1946 Österreich verlassen. Die Schwester meines Mannes, die von Ostpreußen nach Württemberg geflüchtet war, besorgte uns eine Zuzugsgenehmigung dorthin. Unsere Familien hatten alles verloren, wir mußten ganz von vorne anfangen. Aber wir waren am Leben, und das war das Wichtigste!

Als 1950 unsere Tochter geboren wurde, ging es ganz langsam bergauf, mein Mann bekam auch wieder Arbeit in seiner alten Firma. 1953 zogen wir nach München, nachdem im selben Jahr Sohn Victor zur Welt gekommen war. Noch heute wohnen wir als Mieter im selben Haus. Durch Zufall stellten wir fest, daß unser Hausherr als Matrose auf der „Gustloff" war und gerettet wurde. So ein Zufall! Und welch ein Glück!

[Neudorf – Raudnitz – Graudenz –
Deutsch-Eylau – Preußisch Stargard,
Westpreußen – Neustettin*),
Westpommern – Berlin;
Anfang 1945]

Helena Unterstein

Wir müssen doch zusammenbleiben!

Zu Beginn des Jahres 1945 lebte ich mit meiner kleinen Tochter Friederike, die nur wenig älter als ein Jahr war, mit meiner Schwiegermutter und Ulla, der jüngsten Schwester meines Mannes im Schulhaus von Neudorf. Mein kürzlich verstorbener Schwiegervater war hier Lehrer gewesen. Meine Schwägerin Elfriede war ebenfalls Lehrerin und arbeitete im nahegelegenen Raudnitz. Dort hatte sie in ihrer Dienstwohnung meine Schwester Ursel aus Berlin mit ihrer dreijährigen Tochter aufgenommen. Am 18. Januar war die Oma (meine Schwiegermutter) zum Geburtstag ihrer Enkeltochter – Elfriedes zweiter Tochter Heidi – nach Raudnitz gefahren. Ich war jedoch in Neudorf geblieben, weil das öffentliche Telefon im Schulhaus untergebracht war. Und das mußte jederzeit erreichbar sein. Am Abend dieses 18. Januar rief eine Postbeamtin aus Deutsch-Eylau an, deren Mutter in Neudorf lebte. Sie bat mich, dieser auszurichten, sie solle schleunigst ihre Sachen packen, die Russen seien so nahe, daß stündlich mit einem Durchbruch zu rechnen sei. Die Mutter solle versuchen, zu ihr zu kommen. Ich tat es, rief auch sofort meine Verwandten in Raudnitz an – und dann packte ich mit Ulla und der im Haus lebenden polnischen Hilfe Kunigunde das zusammen, was ich für das Wichtigste

*) heute Nowa Wieś, Rudzienice, Grudziśądz, Ilawa, Starogard Gdański, Szczecinek in Polen

hielt. Morgens um sieben Uhr kamen alle blaß und verschreckt in Neudorf an. Elfriede versuchte unentwegt, Kontakt zur Kreisverwaltung – dort kannte sie eine der Angestellten sehr gut – und zum Bahnhof zu bekommen. Immer wieder wurde gesagt: „Kein Grund zur Besorgnis, es gibt keine Reisegenehmigungen, unsere Soldaten halten die Stellung, alles dumme Gerüchte."

Aber unsere Angst blieb. Brustbeutel mit unseren Papieren wurden umgebunden, die Koffer bereitgestellt und Lebensmittel eingepackt. Der Bürgermeister begann einen Treck zusammenzustellen – nur für den Notfall, sagte er. Wir sollten einen Wagen mit einem Pferd bekommen.

In allen Häusern, auch in unserem, waren Soldaten untergebracht. Vor dem Schulhaus standen einige Lastwagen. Abends um halb elf ging das Telefon, und wieder war es die Postbeamtin aus Deutsch Eylau. Russische Panzer seien durchgebrochen! Wir sollten raus, so schnell wie möglich!

Ulla rannte mit dieser Nachricht zu den Soldaten im Schulzimmer. Der Feldwebel kam sofort und telefonierte mit seiner Dienststelle. Wir waren alle im Wohnzimmer versammelt und verfolgten das Gespräch. Entsetzt starrten wir ihn an, als er sich umdrehte und sagte: „Wir fahren in einer halben Stunde mit den Lastwagen los. Wenn Sie wollen, können Sie mitfahren!"

Überstürzter Aufbruch

Draußen war es stockdunkel. Von allen Seiten hasteten die Soldaten heran, dazwischen auch einige Dorfbewohner. Die Schreckensnachricht ging in Windeseile von Haus zu Haus. Es gab nur wenige LKW, und die waren schnell beladen. Wir wurden auf drei davon verteilt, immerhin waren wir mit den Kindern zehn Personen. Ich saß mit Friederike zwischen vier Soldaten auf einem Gepäckstück und war voller Angst. Es dauerte noch drei volle Stunden bis die Wagen endlich losfuhren. Einmal war ich noch herausgesprungen und zurück

in das gegenüberliegende Schulhaus gerannt. Alle Türen
standen offen. In der Küche brodelte ein Topf auf dem Elektroherd. Ich schaltete ihn aus, riß noch ein paar Mäntel von
der Garderobe und eilte schleunigst wieder zum Lastwagen
zurück. Daß ich die Mäntel mitgenommen hatte, darunter den
Wintermantel meines Mannes Helmut, war ein Segen, wie sich
bald herausstellte, denn weder die Oma noch Elfriede hatten
in ihrer Panik an einen Mantel gedacht, den Kindern hatten
sie allerdings welche angezogen und sie auch sonst dick verpackt. Für Elfriede war Helmuts Mantel lange das einzige
Stück, das sie vor der Winterkälte schützen konnte. Helmut
hatte ihn während seines letzten Heimaturlaubes getragen,
er war froh gewesen, endlich mal aus der Uniform herauszu-
kommen. Ich hatte ihn noch nicht wieder in den Schrank
hängen wollen – er gab mir das Gefühl, mein Mann sei noch
da oder würde gleich wiederkommen.

Die Wagen fuhren an, schon kurze Zeit später waren wir
in Deutsch-Eylau. Die Fahrt durch die nächtliche Stadt war
grauenvoll, die Straßen waren voller Menschen, die durcheinander rannten und aufgeregt schrien. Die meisten eilten
zum Bahnhof, auf dem noch ein Zug stand, der letzte, wie es
hieß. Mehrmals kamen Frauen mit Kindern auf die Autos
zu und flehten, man möge sie doch mitnehmen. Manche liefen noch ein Stück hinter den Wagen her. Ich zitterte am
ganzen Leib und hielt Friederike an mich gepreßt. Die Soldaten hatten ihre Gewehre griffbereit. Keiner sprach ein
Wort. Als wir aus der Stadt heraus waren, stellten sie ihre
Gewehre weg und holten die Brote raus, die meine Schwiegermutter ihnen mitgegeben hatte. Jetzt versuchten sie, mich
zu beruhigen und mir Mut zuzusprechen.

Gegen sieben Uhr kamen wir in Graudenz an und hielten
auf dem Marktplatz. Mein Gepäck wurde ausgeladen – ein
Koffer und der Kinderwagen. Ich packte Friederike hinein
und wartete. Die anderen müßten gleich kommen, meinten
die Soldaten. Einer blieb als Wache im Lastwagen und schlief

sofort ein. Die anderen gingen in die Stadt. Es war sehr kalt. Obwohl ich sehr dick angezogen war – ich hatte zwei Kleider übereinander an, eine lange Unterhose von Helmut, eine Tuchhose darüber, lange Wollstrümpfe und Socken – begann ich zu frieren. Friederike schlief. Ich hatte ihr ebenfalls alles Mögliche übereinander gezogen und sie außerdem in Omas Wintermantel – einen von denen, die ich aus der Garderobe geholt hatte – gewickelt.

Eine ältere Frau kam aus dem gegenüberliegenden Haus auf den Platz und lud mich zum Frühstück ein. Sie meinte, ich könne unbesorgt mitkommen, von ihrem Küchenfenster aus könne man den Platz übersehen. Sobald sich da etwas rühre, wären wir ganz schnell unten. Aber ich hatte keine Ruhe, trank rasch den angebotenen heißen Kaffee, nahm ein Brot und warme Milch für Friederike mit und ging wieder zu dem als Treffpunkt avisierten Marktplatz. Diese freundliche Frau holte mich noch zweimal zum Aufwärmen in ihre Wohnung, aber ich blieb nie lange und wartete immer verzweifelter.

Es vergingen zehn Stunden. Endlich kamen zwei Lastwagen und hielten. Ich wagte nicht, mich zu rühren. Wenn sie dort nicht drin sind, so dachte ich, sind sie den Russen in die Hände gefallen. Auf einmal sah ich Elfriede, dann Ursula, die Kinder, Oma und Ulla. Alle waren da! Sie hatten unterwegs eine Panne gehabt. Die durchgebrochenen Panzer der Russen seien zurückgeschlagen worden. Das war der erste Glücksfall, den ich auf dieser schrecklichen und abenteuerlichen Flucht erlebte. Es sollten noch viele weitere nötig sein.

Glück im Unglück

Man brachte uns alle, auch die anderen Flüchtlinge, die sich inzwischen auf dem Marktplatz eingefunden hatten, in einer Schule unter. Jetzt stellte sich heraus, daß Omas Koffer in Neudorf stehengeblieben war, Elfriedes Kartons mit Wäsche ebenfalls. Im Laufe des Abends kam noch ein Lastwagen mit Neudorfern in der Schule an. Sie brachten Elfriede einige Sofakissen und etwas Silberbesteck aus ihrem Haus. Warum und wieso, wurde gar nicht erst gefragt. Am nächsten Morgen standen wir sehr zeitig auf. Wir waren dankbar für den heißen Kaffee und die Marmeladenbrote, die uns geboten wurden, während wir wieder warteten. Elfriede und Ursula gingen zum Lagerleiter und fragten, was es Neues gäbe und wie die Situation so sei.

„Nicht beunruhigend", sagte der, „Sie können sicher in ein paar Tagen wieder zurück."

„Dann gehen wir mal schnell ins nächste Gasthaus und versuchen, in Neudorf anzurufen", meinte Elfriede. „Vielleicht bringt mir jemand meine Kartons mit oder stellt sie sicher unter."

Sie waren noch keine zehn Minuten weg, als ein Soldat in jedes Zimmer rief: „Sofort Gepäck aufnehmen und herunterkommen! Es stehen Lastwagen bereit, Sie werden sofort weitergebracht."

Oma, Ulla und ich packten schnell unsere Habe, nahmen die fünf Kinder und stiegen auf einen der bereitgestellten zwölf Lastwagen. Es war der vorletzte in der Reihe. Oma weinte verzweifelt, weil Elfriede und meine Schwester Ursula noch nicht vom Telefonieren zurück waren und keiner wußte, wo sie sich aufhielten. Ich flehte den Leiter des Transportes an, noch ein paar Minuten zu warten.

„Gut, zwei Minuten", sagte der. Es wurden zehn, die ersten Wagen fuhren schon an, die Kinder schrien laut nach ihren Müttern, Friederike schrie auch, weil die anderen schrien. Da endlich kamen die beiden seelenruhig an und wunderten sich über die vielen Fahrzeuge. Ich sprang vom Wagen, fuchtelte mit den Armen und rief aufgeregt nach ihnen, die Fahrer der Wagen brüllten, sie sollten sich beeilen, und winkten. Endlich begriffen die beiden Frauen, kamen angerannt, sprangen auf, und schon ging es los. Sie waren weiß im Gesicht und stumm vor Schreck. Tatsächlich hatten sie noch Verbindung nach Neudorf bekommen. Unser Haus und das Dorf lagen voller Soldaten. Die Zivilbevölkerung war am Abend zuvor im Treck abgefahren, der Russe sei nicht mehr weit, sagten sie. Genaueres wisse niemand, der Nachrichtendienst versage völlig. An diesem Tag fuhren wir bis Preußisch Stargrad und wurden dort – zum ersten Mal – erwartet. Es gab eine heiße Suppe, Brot, Wurst und anschließend ein vorbereitetes warmes Quartier, wieder in einer Schule. In dem Klassenzimmer, in das wir geschickt wurden, logierten noch drei Familien, darunter eine 82jährige Frau, die dauernd schnarchte. Alle waren teilnahmslos und apathisch. Eine Waschgelegenheit gab es kaum, wir waren schon froh, wenn wir ein Kochgeschirr voll Wasser erwischen konnten, um uns die Hände zu reinigen. Vielleicht fanden wir auch in dem heillosen Durcheinander nur den richtigen Raum nicht.

Am nächsten Morgen ging ich mit meiner Schwester in die nahe Stadt, um Lebensmittel einzukaufen und uns ein bißchen umzuhören. Auf dem Marktplatz stand eine große Wagenkolonne. Wir gingen hin und sprachen mit einem Feldwebel und zwei seiner Soldaten. „Wir fahren in einer Stunde nach Berlin", sagten sie, „kommt nur schnell mit euren Kindern her, natürlich nehmen wir euch mit."

Wir rannten in die Schule. In aller Hast wurden Kinder und Gepäck aufgenommen. Unser Aufbruch mußte schnell und ohne Aufsehen stattfinden. Als wir den Marktplatz erreichten, war da schon ein großes Gedränge, denn inzwischen hatte sich herumgesprochen, daß die Kolonne nach Berlin wollte. Von allen Seiten kamen Frauen mit Kindern, die mitgenommen werden wollten. Zufällig fand Ursula den Feldwebel, mit dem wir gesprochen hatten und erinnerte ihn an seine Zusage, uns mitzunehmen. „Ja, da", sagte er und rannte weiter. Ursula schob erstmal Elfriede mit den drei Kindern in den Wagen, Ulla stieg hinterher. „Schluß", kommandierte der Fahrer, „nicht eine Person mehr, der Wagen ist überlastet."

„Komm, Oma", wandte sich ein anderer Soldat an meine

Schwiegermutter, „einen Platz habe ich noch", und zog sie
mit. Nur Ursula und ich standen noch mit unserem Kinderwagen draußen. Da kam der Feldwebel vorbeigerannt. „Warum seid ihr denn nicht eingestiegen?", schrie er, „wir fahren
sofort los."

„Wir sind doch eine Familie mit Oma, Kindern und Schwägerin", schrie Ursula zurück, „die sind zuerst eingestiegen,
und uns hat man nicht mehr auf den Wagen gelassen."

„Jetzt ist kein Platz mehr, nun müßt ihr dableiben. Warum seid ihr auch so dumm und laßt die andern vor!"

Wir flehten ihn an, er möge doch versuchen, uns irgendwie noch unterzubringen. „Na gut", knurrte er, und wir rannten hinter ihm her. Auf einem offenen Lastwagen wurde das
Gepäck auf seinen Befehl hin zusammengeschoben, wir Frau-
en mit unseren beiden Kindern hinaufgesetzt und der Kinderwagen dazugestellt. Und schon setzte sich die Kolonne in
Bewegung.

Kurz hinter der Stadt stoppten die Wagen. Irgendein Befehl sollte abgewartet werden. Hinter unserem Fahrzeug hielt
ein Bus. Die Fahrer waren ausgestiegen und kamen zu uns.

„Was macht ihr denn da oben bei dieser Kälte und mit den
kleinen Kindern?", fragten sie. „Los, kommt runter, irgendwie paßt ihr auch noch in den Bus."

Wir sprangen ab. Die Soldaten nahmen die Kinder und
schafften es sogar noch, Friederikes Kinderwagen im Bus unterzubringen. Kaum waren wir eingestiegen, sahen wir da
unsere Oma allein und verzagt zwischen lauter Fremden sitzen. „Wie gut, daß ihr da seid", rief sie, „Habt ihr Elfriede
gesehen, Ulla und die Kinder? Hoffentlich kommen sie alle
gut durch und frieren nicht. Wenn sie nur genug zu essen haben! Hoffentlich wird Elfriede mit ihnen fertig, Heidi hat immer so viel Angst!"

Etwa dreißig Kilometer weiter hielte die Kolonne wieder.
Doch als es weitergehen sollte, sprang unser Bus nicht an.
Die beiden Fahrer, ein junger Feldwebel und ein älterer Un-

teroffizier untersuchten den Motor und probierten alles Mögliche, aber es wollte und wollte nicht klappen. Wagen auf Wagen fuhr an uns vorbei, es wurde Nacht. Einmal kam der Hauptmann, dem die Einheit unterstellt war, im PKW angebraust und redete mit den Fahrern. „Ich werde versuchen, euch abschleppen zu lassen", versprach er, „ich schicke euch so schnell wie möglich eine Zugmaschine!" Ich fragte ihn nach der Lage und wie weit die Russen vorgedrungen wären. Er zuckte die Achseln. „Keiner weiß etwas Genaues, es ist ein ziemliches Durcheinander, aber ihr braucht keine Angst zu haben!"

Es wurde bitterkalt, und wir stiegen wieder in den mit Menschen und Gepäck überfüllten Bus. Nur die hintere lange Bank stand noch drin. Darauf saßen Oma und einige ältere Frauen. Wir Frauen und zwei Mädchen mußten uns mit Kisten begnügen und versuchten, uns irgendwo anzulehnen. Bequem war das nicht, aber wenigstens einigermaßen warm.

Die Nacht war endlos. Schließlich kam doch die Sonne durch, und wir rappelten uns auf. Da erschien meine Schwester mit einem der Fahrer und verkündete strahlend: „Wir haben in einem der Häuser ein Huhn organisiert. Es ist schon im Topf. Hat jemand eine Kanne?"

Sie bekam zwei und zog damit los. Die Hühnerbrühe mit Fleischbrocken und Nudeln schmeckte köstlich, die Stimmung hob sich. Nur unsere Oma rührte kaum etwas an und brütete vor sich hin. Meine Schwester war einfach großartig! Sie redete munter drauflos, als ob das Ganze ein etwas verunglückter Sonntagsausflug wäre, besorgte Milch für die Kinder und heißen Kaffee für die Erwachsenen. Dazwischen half sie den Fahrern beim Auseinandernehmen und wieder Zusammensetzen des Motors und hielt sie, so gut es ging, bei Laune.

Die Lage wurde immer verzweifelter. Schon über dreißig Stunden stand der Bus mitten im polnischen Korridor auf der Landstraße, unfähig weiterzufahren. Die Front rückte näher, gelegentlich hörte man die Flak bellen. Die Fahrer wurden unruhig und wollten den Wagen im Stich lassen. Ursula ließ sie nun keinen Augenblick mehr allein und redete auf sie ein, bis sie sich schämten und auszuharren versprachen. Bis zum Nachmittag hofften wir alle immer noch auf die Zugmaschine, die uns der Hauptmann versprochen hatte, dann gaben wir es auf.

„Wenn uns nur einer anschleppen würde, so daß der Wagen erstmal läuft, dann tut er es vielleicht", sagte der Feldwebel. „Ich halte jetzt jeden Laster an!", rief Ursula. Sie holte mich, und wir beide stellten uns an die Straße. Zwei Laster fuhren vorbei, aber dann kam eine Zugmaschine. Wir stellten uns jetzt mitten auf die Straße – und die Zugmaschine hielt! Ein Leutnant, höchstens Mitte zwanzig, sprang heraus. „Wir haben keinen Platz mehr", erklärte er.

Unsere Fahrer kamen dazu und wir alle redeten auf den Leutnant ein. Aber so unglaublich das scheint, er wollte seine Zugmaschine nicht vor unseren Bus spannen. Er hätte keine Zeit, müsse schnell weiter und, und, und ...

Unsere beiden Fahrer hatten schon aufgegeben, aber wir Frauen ließen nicht locker – mal beschimpften wir den Leutnant, mal flehten wir ihn an, es doch wenigstens zu versuchen. Wir packten ihn bei seiner Offiziersehre, erinnerten ihn an seine eigene Familie, die er ja auch nicht einfach ihrem Schicksal überlassen würde, wenn sie in Not wäre, – ich weiß nicht, was wir ihm sonst noch alles vorgehalten haben.

„Na gut, ich versuch's", gab er endlich nach. Die Zugmaschine wurde vor den Bus gespannt, und wirklich: Nach einer kurzen Strecke sprang unser Motor an und der Bus fuhr mit eigener Kraft! 36 Stunden hatte er auf der Landstraße gestanden. Wie groß die Gefahr war, wurde uns erst viel später klar. Wir hatten zum zweiten Mal unwahrscheinlich Glück gehabt.

Weiter, immer weiter

Zunächst fuhr der Bus schnell, aber bald waren die Straßen verstopft und es ging immer langsamer voran. In einem kleinen Dorf wurde für ein paar Stunden Halt gemacht. Die Fahrer ließen sich von der dort liegenden Einheit Unterkunft zuweisen, sie hatten drei Tage und drei Nächte kaum geschlafen. Wir Flüchtlinge wurden auf zwei Zimmer eines Hauses verteilt, wo wir, in Decken gerollt, auf der Erde liegen mußten. Aber wir konnten uns wenigstens einmal ausstrecken. Bald ging es weiter. Die Kälte ließ etwas nach, dafür kam Schnee. Er fiel so dicht, daß es nur noch im Schneckentempo vorwärts ging und die Fahrer am Nachmittag meinten, es hätte keinen Zweck mehr, im nächsten Ort würde gehalten. Es war ein kleines Dorf. Ursula und ich stapften mit einem der Soldaten durch den Schnee, bis in vier oder fünf Häusern alle untergebracht waren. Als wir in unser eigenes Quartier in der Scheune zurückkamen, in dem unsere beiden Kinder und die Oma schon auf Stroh lagen, bekam ich plötzlich fürchterliche Schmerzen in der Lungengegend, so daß ich taumelte. Ich schleppte mich in das Haus des Bauern und bat um die Erlaubnis, mich in einem warmen Raum auf ein Sofa legen zu dürfen. Sie gaben mir eine Decke und sagten: „Aber nur bis halb acht, dann brauchen wir das Zimmer selber."

Das waren schreckliche Stunden, in denen ich glaubte, nicht mehr weiter zu können. Das ist das Ende, dachte ich, Ursula muß die Kinder nehmen und weiter versuchen durchzukommen. Aber schließlich schlief ich ein, und als ich aufwachte, fühlte ich mich viel besser. Ich legte mich dann zu Ursula, Oma und den Kindern aufs Stroh und schlief bis zum Aufbruch am nächsten Tag. Später wurde mir klar, daß die Schmerzen von der gebückten Haltung gekommen waren, in der ich stundenlang mit Friederike auf dem Schoß im Bus gesessen hatte. Ich spürte sie noch tagelang, aber sie wurden nie wieder so stark.

Der Bus fuhr wieder. Es hatte aufgehört zu schneien, aber die Fahrer mußten aufpassen, daß er beim Ausweichen nicht steckenblieb, so hoch lag der Schnee auf beiden Seiten der Straße. Wir waren eine bunte Gesellschaft, die zusammen im Bus saß. Die älteste Frau war 76, das betonte sie immer wie-

der. Eine andere, zwischen vierzig und fünfzig, erzählte dauernd von ihrem Schuhgeschäft, das sie hatte zurücklassen müssen, und fürchtete nur eines: „Hoffentlich wird mein Laden nicht geplündert!"
Die meisten aber waren recht schweigsam. Alle sahen dick aus, weil sie sich alles übereinander gezogen hatten, was nur ging, um Platz im Koffer zu sparen und gleichzeitig Fahrt und Kälte ohne Schaden zu überstehen. Genau wie Ursula und ich. Ein Mädchen von etwa zwölf Jahren hatte fünf Hüte seiner Mutter auf dem Kopf, darüber ein Kopftuch, unter dem Kinn geknotet, das die Hüte fest auf den Kopf preßte. Dieser Anblick war wirklich komisch, aber keiner lachte darüber oder machte irgendeine Bemerkung. Das Mädchen legte diese kuriose Kopfbedeckung nie ab, als gäbe es auf der Welt nichts Wichtigeres, als die Hüte ihrer Mutter zu retten.

In einem Dorf, in dem wir kurz halten mußten, waren am Morgen 15 Menschen, darunter viele Kinder, erfroren aus einem Zug geholt worden. Die Dorfbewohner waren sehr bedrückt. Eine Gruppe Polen mit ebenso ratlosen wie verzweifelten Gesichtern trommelte ihre Landsleute zu einer Beratung zusammen. Zu uns waren sie freundlich und gaben uns Milch für die Kinder, auch mal belegte Brote oder Suppe. Genau wie unsere Landsleute. Nicht ein einziges Mal haben wir auf der Fahrt durch den Korridor irgendeine Art von Haß oder Beschimpfung durch die Polen erfahren.

Ein Versprechen

Als wir den anderen Teil unserer Familie, der mit allen übrigen Flüchtlingen in einer großen Kaserne am Rande von Neustettin untergebracht worden war, erreichten, waren fast vier Tage vergangen. Die Ankunft unseres Busses im Hof der Kaserne war eine Sensation. Von den vielen Flüchtlingen, die plötzlich auf dem Hof waren, wurden wir mit Jubel begrüßt. Auch Elfriede, Ulla und die Kinder kamen angerannt, und wir alle weinten. Unser Bus sei den Russen in die Hände gefallen und aufgegeben worden, hatte es geheißen. Daß wir es trotz allem hierher geschafft hätten, grenze an ein Wunder! In der Kaserne belegte unsere Familie – fünf Erwachsene und fünf Kinder – ein Zimmer, in dem es sogar Betten gab. Nach der ersten Nacht, in der wir endlich mal wieder wirklich gut geschlafen hatten, gingen Ursula und ich zur Kommandantur. Wir trafen auf eine Gruppe Offiziere, die über die neueste Lage diskutierte und uns etwas erstaunt musterte. Nachdem wir uns für unser Hereinplatzen entschuldigt und als Insassen des verschollenen Busses vorgestellt hatten, war der Bann gebrochen. Sie boten uns nicht nur Platz, sondern auch Kaffee an, und wir durften an der Lagebesprechung teilnehmen. Daß es kaum noch Geheimhaltung gab, zeigt, wie verfahren die ganze Situation inzwischen war. Nach diesem freundlichen Empfang mit der Aufforderung wiederzukommen erschienen wir hier jeden Morgen gegen neun Uhr. Wir bekamen nicht nur immer Kaffee angeboten, sondern erfuhren fast alles über die derzeitige Lage. Es war eine fast freundschaftliche Beziehung, die sich zwischen uns und dieser Offiziersgruppe entwickelte. Nach dem dritten Besuch versprachen sie uns: „Die Ersten, die hier rauskommen, seid ihr!" – Und sie hielten ihr Wort.

Es war am nächsten Nachmittag, als wir und die Flüchtlinge, die in unserem Gebäude untergebracht waren, aufgefordert wurden, so schnell wie möglich mit Gepäck im Kasernenhof zu erscheinen. Hier standen einige Lastwagen und Kleinbusse bereit. Einer der Offiziere brachte Ursula, mich und die Kinder auf dem Rücksitz eines PKW unter. Elfriede und ihre Familie wurden in einen Kleinbus gesteckt, in dem sie sogar noch Friederikes Kinderwagen und Helgas Karre reinquetschen konnten. Die anderen im Hof wartenden Flüchtlinge wurden auf die nachfolgenden Wagen verteilt.

Unser PKW bildete die Vorhut. Vorn saßen zwei Unteroffiziere, die die Aufgabe hatten, die Verbindung zu der nachfolgenden Kolonne zu halten. Das bedeutete häufige Pausen Dann sprang einer der Unteroffiziere heraus und peilte die

Lage. Meist war es der hinter uns fahrende Funkwagen, über den sie ihre Informationen bekamen. Manchmal hieß das, auf Nebenstrecken auszuweichen, oder warten, bis alle Anschluß hatten und der Treck weiterfahren konnte, ohne die Gefahr, auseinandergerissen zu werden. Es dauerte fast dreißig Stunden, bis wir die Außenbezirke Berlins von Nordosten her erreicht hatten. Ich weiß nicht, ob diese Route so bis ins Einzelne geplant war, oder ob einer der Offiziere unserer morgendlichen Kaffee- und Informationsrunde seinen Einfluß geltend gemacht hatte: Die Unteroffiziere setzten uns jedenfalls genau vor dem Haus in Berlin-Hermsdorf ab, das den Verwandten von Ursulas Mann gehörte!

Kurze Zeit später stand auch Elfriede mit ihrer Familie vor der Tür – endlich waren wir alle in Sicherheit.

Ankunft in Berlin nach überstandener Flucht aus Deutsch Eylau in Westpreußen.

[Berlin-Reinickendorf – Schulzendorf und
Königs Wusterhausen – Hammer bei
Liebenwalde – Halbe – Borkheide –
Ahrensdorf bei Großbeeren –
Trebbin, Land Brandenburg;
1945]

Wolfgang Ross

Olle Rossis verlorene Jugend

Ich war ein echter Berliner Junge – keß, draufgängerisch
und nie verlegen, wenn es galt, einen Streich auszuhecken.
„Olle Rossi" wurde ich von allen genannt, und in diesem
Spitznamen schwang auch ein wenig Bewunderung meiner
gleichaltrigen Kumpels und Freunde mit. Leider war ich in
einer Zeit jung, da einerseits Unerschrockenheit gepriesen
wurde, andererseits aber – sofern nicht in den vorgeschrie-
benen Bahnen – auch lebensgefährlich sein konnte. In den
letzten Kriegswochen – die Schüler unseres Gymnasiums hatten sich alle „freiwillig" zur Ausbildung an Handfeuerwaffen im Olympiastadion melden müssen – wurde mir meine
Forschheit zum Verhängnis. Nach einem schweren Bombenangriff Anfang Februar 1945 bangten wir Jungen, die wir
das Gelände nicht verlassen durften, alle um unsere Eltern,
denn keiner konnte wissen, ob sie das Inferno überstanden
hatten. Um trotzdem nach ihnen sehen zu können, war ich
auf die Idee gekommen, mit einigen Freunden in Reih und
Glied zum Ausgang zu marschieren und zackig zu melden,
wir hätten einen Einsatz. Es klappte, aber die Aktion kam
heraus. Wir wurden der Fahnenflucht bezichtigt. Wir könnten froh sein, hieß es, daß wir noch nicht 18 Jahre alt seien.
Was uns sonst passiert wäre, darüber erhielt ich, der Anstif-
ter, nun jeden Morgen auf der Richtstätte in Ruhleben unweit des Olympiastadions einen furchtbaren Anschauungs-

Dieses Foto von mir wurde ein Jahr zuvor, im April 1944, aufgenommen. Mit 15 Jahren war ich Fähnleinführer.

unterricht getreu Hitlers Parole „Der Soldat kann sterben, der Deserteur muß sterben". Man führte mich immer gegen sechs Uhr dorthin, wo ich tagelang mit ansehen mußte, wie hochdekorierte Offiziere an drei Holzpfählen erschossen wurden. Es war grauenvoll für mich; ich konnte trotz karger Kriegszeiten an diesen Tagen kaum etwas essen.

Dann folgte der nächste Teil meiner Verurteilung. Ich wurde zur Hermann-Göring-Kaserne in Reinickendorf verlegt, um, so jung ich auch war, zum Fronteinsatz eingeteilt zu werden. Eine Fallschirmeinheit – alles alte Hasen, teilweise noch Kreta-Kämpfer – empfing mich dort ironisch jubelnd. Sie lachten und trauten ihren Augen kaum, denn sie hatten alles erwartet, nur kein Kind. Olle Rossi – so wurde ich auch

bald dort genannt – verlebte jedoch zwischen diesen Rauh-
beinen herrliche Tage. Mein 16. Geburtstag am 16. März 1945
wurde in der Kaserne zünftig gefeiert. Meine Eltern durften
mich an diesem Tag besuchen und brachten selbstgebacke-
nen Kuchen mit. Aber wir konnten uns nur am Eingangstor
sprechen.

Das letzte Aufgebot

Tage später wurde ich einem Panzerjagdkommando zugeteilt, mit dem ich nach Schulzendorf südlich von Berlin kam.
Schon bald erfuhr ich von Unteroffizier Liedke vom Ernst
der Lage. Die Russen waren überall durchgebrochen, und
wir sollten sie aufhalten. Wir waren wohl das letzte Aufge-
bot. Manche gaben sich noch angriffslustig, aber in Wirklichkeit kam bei den meisten Angst auf, als wir in Wehr-
machtsuniform und auf Fahrrädern, ausgerüstet mit kleinen italienischen Gewehren, dem Feind in Richtung Königs
Wusterhausen entgegenfahren mußten. Hoffnungslos!

Die Russen hatten uns schon längst abgeschnitten und
beschossen uns von hinten mit Artillerie, Granatwerfern
und Stalinorgeln. Wir hörten ihr Geschrei: „Hurrä, Hurrä,
Hurrä."

Vor Angst rannten wir um unser Leben! Wir hatten aber
auch großen Hunger, und so plünderten wir gemeinsam mit
Anwohnern noch schnell Lebensmittel aus den Läden. Kisten mit Ölsardinen fielen uns in die Hände, die natürlich
nach dem Verzehr später ihre Wirkung zeigten.

Der „Iwan" war uns jetzt immer auf den Fersen. Er kam
so schnell näher, daß wir viel Munition liegenlassen mußten.
Wir sahen die Russen hinter uns, sie kamen in Massen, alle
mit Maschinenpistolen bewaffnet. Dagegen konnten wir mit
unseren kleinen Gewehren oder Karabinern 98 nichts aus-
richten. Viele junge Kameraden von mir sind in und um Königs Wusterhausen gefallen. Im Ort hatte die Polizei schon
mehrmals die weiße Flagge gehißt, aber die Waffen-SS hatte

sie immer sofort wieder heruntergeholt. Aufgrund des starken Beschusses mußten wir uns immer weiter zurückziehen. Tieffliegen griffen uns ständig an. Man hörte sie niemals kommen. Die sogenannten Nähmaschinen konnten den Motor abstellen, und plötzlich waren sie über uns. Bei einem dieser Angriffe wurde mein Fahrrad direkt unter mir weggeschossen. Ich fand mich in einem Graben wieder, aber ich lebte! Allerdings hatte ich meine Kameraden verloren. In dem Ort Hammer, wo ich mir erneut ein Fahrrad besorgen konnte, traf ich wieder mit ihnen zusammen. Sie hatten mich schon abgeschrieben. Hier, in Hammer, erfuhren wir, daß mit uns komplette Wehrmachts- und Panzereinheiten von den Russen in einem riesiger Kessel eingeschlossen waren, der möglichst schnell wieder durchbrochen werden sollte. Es gelang, uns bis nach Halbe zurückzuziehen. Die Stadt selbst allerdings hielten die Russen bereits besetzt. Im Wald davor lagen wir. Auch viele BDM-Mädels aus Berlin hatten sich zu uns durchgeschlagen. Es war eine grauenvolle Situation. Dennoch schlich ich mich auf allen Vieren nach vorn – Olle Rossi wieder einmal! – und sah gegenüber die T34-Panzer der Russen stehen. Ruhe vor dem großen Sturm!

Auf diesem Schleichweg fand ich noch gut erhaltene Frontkämpferpäckchen, die ich mit zurückbrachte. Alle freuten sich über Schokolade, Kekse und andere kostbare „Fressalien", die sie enthielten.

Nach einer Ruhepause begannen die T34-Panzer uns zu beschießen. Im allgemeinen Durcheinander verlor ich auch mein zweites Fahrrad. Nun konnte ich nicht mehr so schnell jeder brenzlichen Situation entkommen. Nach einer gewissen Zeit sollte der Ring um Halbe gesprengt werden. Für die Nacht gruben wir uns kleine Erdlöcher, in denen wir den Befehl abwarteten. Die Nerven waren angespannt. Auch das Essen wurde knapp, wir litten großen Hunger. Dann griff die Rote Armee an!

Viele Wehrmachtsangehörige versuchten zu fliehen. Nur kamen sie nicht weit, denn die Russen bestürmten uns ja von allen Seiten. In meinem jugendlichen Leichtsinn wollte ich noch einmal mit einem Fahrrad meines Kumpels bis zur Lichtung vorfahren, um die Lage zu erkunden. Als ich den T 34 vor mir entdeckte, krachte es schon. Ich flog im hohen Bogen in ein Granatloch, und auch das dritte Fahrrad war hinüber. Zwar hatte ich viele kleine Splitter in der Hand, aber ich war wieder einmal davongekommen. Blutverschmiert und mit lädierter Uniform kroch ich zurück. Meine Kameraden waren ganz erstaunt, daß ich noch lebte. Olle Rossi hatte – wie schon so oft – eben Glück gehabt, dachten sie anerkennend. Aber zwei Kameraden waren ums Leben gekommen.

Als die Russen sich wieder etwas zurückzogen, hatte ich eine Idee. Ich sorgte dafür, daß der Rest unseres Haufens auf die noch vorhandenen Panzer-Sturmgeschütze klettern durfte. Der Angriffsbefehl zum Durchbruch kam und unsere Sturmgeschütze rollten los. In dem zu unserer Abteilung gehörenden Panzer saß der Kommandant. Welch ein Glück! Er gab dem Panzerfahrer eine Pulle Schnaps mit dem Befehl, reichlich zu trinken. Andere Fahrer blieben bei Beschuß – wie bei jedem Angriff – abwartend stehen. Unserer dagegen raste jetzt durch Halbe, überfuhr alles vor uns und durchbrach trotz Granatfeuer und Stalinorgeln die gesamte russische Belagerung!

Bei Halbe fand eine der größten und letzten Kesselschlachten des Zweiten Weltkrieges statt. Tausende junge deutsche Soldaten – natürlich auch Russen – sind bei dieser Schlacht ums Leben gekommen*). Selbst war ich Zeuge, wie vier gefangene Russen nach dem deutschen Durchbruch ihr eigenes Grab schaufeln mußten und dann von SS-Leuten erschossen wurden. Ich bin dieser Hölle entronnen!

---

*) Im Kessel von Halbe starben etwa 30.000 deutsche Soldaten und 10.000 deutsche Zivilisten sowie viele sowjetische Zwangsarbeiter. Die Verluste der Roten Armee betrugen 20.000 Tote.

Unser Sturmgeschütz wurde hinter Halbe von der Besatzung in die Luft gesprengt. Nun war jeder auf sich selbst gestellt. Es gab keine reguläre deutsche Einheit mehr. Zusammen mit einem Kameraden hastete ich durch unbekannte dichte Wälder, wobei ich den Weg wies, denn ich besaß außer einer Pistole noch einen Handkompaß. Von Walddickicht umgeben und so vor den Tieffliegerangriffen der Sowjets einigermaßen geschützt, liefen wir immer weiter nördlich und kamen so nach Borkheide. Hier hörten wir, daß alle Soldaten noch einmal zu einer Einheit zusammengestellt werden sollten, um den Feind aufzuhalten und einen Gegenstoß zu versuchen. Ich hatte nun aber endgültig genug. Mein Freund und ich durften uns in einer Gärtnerei nahe des Bahnhofes Borkheide verstecken, wo wir übernachten konnten und uns die Inhaber behüteten. Wir wollten nicht noch einmal zurück. Der Krieg war für uns vorbei!

Am nächsten Morgen gab uns der Sohn der Familie eine Landkarte, und wir marschierten los in Richtung Berlin. Wir wollten endlich nach Hause. Doch wir sollten bald erfahren, daß dies leichter gewünscht als getan war. Weit hinter uns hörten wir immer noch Geschützdonner. Es war Ende April und tagsüber schon recht warm, doch ich hatte noch Pelzstiefel an, die zu meiner Uniform gehörten. Wir tippelten weiterhin durch die Wälder und bekamen irgendwann natürlich Hunger und Durst. Vor uns tauchte eine Ortschaft auf, und wir sahen überall aus den Häusern weiße Fahnen hängen. Der Hunger trieb uns vorwärts. Uns war alles egal, wir mußten irgendwo Lebensmittel organisieren. Ich stieg als erster über einen Gartenzaun, als plötzlich ein russischer Offizier vor uns stand. „Kamerad, komm!", rief er uns freundlich zu.

Wir waren erstarrt vor Schreck und standen wie festgewurzelt. „Jetzt ist alles aus", dachten wir. Als erstes zog er mir meine Pelzstiefel aus, für die ich später irgendwelche ausrangierten Schuhe bekam, und nahm mir meinen Handkompaß weg. Er sagte: „Uri gut" und freute sich. Unsere

Pistolen hielten wir in der Hand, aber davon wollte er nichts wissen. Erst viel später nahm er sie uns ab und lachte. Dann führte er uns um das Haus herum, wo viele Offiziere beim Mittagessen saßen. Wir staunten: Wir waren direkt dem russischen Stab mit ranghöchsten Offizieren in die Arme gelaufen! Auch ein Deutscher war darunter, dem Anschein nach kein Gefangener. Er fragte uns, warum wir denn noch so lange gekämpft und nicht lieber Hitler und Konsorten getötet hätten. Er selbst war seit Stalingrad bei den Russen. Ein für damalige Zeiten feudales Essen war serviert. Auf einem langen Holztisch im Garten standen kleine Eimer mit großen Fleischstücken und Brühe, dazwischen Eimer mit Kartoffeln. Es wurde alles aus der Hand gegessen. Wir durften uns zu ihnen setzen und mithalten. Die Russen lachten über unseren Heißhunger. Ein Offizier brachte für jedem von uns sogar ein halbes Brot und eine Hand voll Würfelzucker für den weiteren Weg. Doch zuvor verhörte der ranghöchste Offizier uns noch etwas und sagte schmunzelnd, wir sollten doch nach Hause zu Papa und Mama gehen!

Mit einem kleinen Auto wurden wir bis zum nächsten Dorf gebracht, wo ich eine Schlafstätte in einer Scheune organisierte. Es war unsere erste Nachtruhe seit langem.

Am nächsten Morgen entdeckte uns ein Russe und schrie: „Ihr nach Hause, dawai, dawai!"

Nichtsahnend zogen wir also auf einer Landstraße in Richtung Berlin los. Unsere Karte zeigte uns den Weg. Wir waren froh und glücklich, daß wir alles überstanden hatten und frei waren. Plötzlich tauchte eine Horde Mongolen vor uns auf, die uns festhielt. Wir trugen inzwischen über unsere Uniformen zivile Mäntel, die man uns im letzten Dorf geschenkt hatte. Das war nun aber gerade der Anlaß zu Auseinandersetzungen. Sie rissen laufend die Mäntel auf, zeigten auf die Uniformen und brüllten: „Du Soldat!"

Ich machte meinen Mantel wieder zu und sagte: „Nichts Soldat!"

Daraufhin wurden wir verprügelt, denn sie verstanden uns nicht. Der nächste Satz wurde gefährlicher: „Du jetzt Soldat?" Dann, als ich wieder verneinte, zog einer plötzlich seine Pistole und fuchtelte damit vor meinem Gesicht herum. Er wurde immer wütender, und ich mußte mich an einen Baum stellen. Ich dachte, jetzt ist alles aus! Aber wieder einmal hatte Olle Rossi Glück! Als der Soldat die Waffe hob, kamen seine Genossen und schlugen ihm die Pistole aus der Hand. Er schrie uns an: „Dawai, dawai!"

Gefangen

Die Soldaten nahmen uns mit, und wir wurden zur nächsten Ortschaft gebracht. Hier warteten bereits viele versprengte Landser unter Bewachung auf ihren Abtransport. Wir wurden eingegliedert und marschierten mit dem Gefangenentroß von Ort zu Ort. Unsere Freiheit war wieder in weite Ferne gerückt. Wie eine Viehherde kamen wir ausgehungert abends in Arensdorf bei Großbeeren an. Das erste Gefangenenlager mit Stacheldraht!

Die Baracken waren überfüllt. Am nächsten Morgen mußten wir antreten und bekamen jeder ein Stückchen Brot. Das war uns natürlich viel zuwenig. Mein Organisationstalent war wieder einmal gefragt. In der Nähe war das Brotlager, und ich konnte tatsächlich drei Brote klauen! Die Brote, gerecht geteilt, aßen wir schnell auf.

Tags darauf ging es, zusammen mit den Landsern, unter starker Bewachung ins Ungewisse weiter. Viele Bauern kamen unterwegs an uns heran und verteilten Mohrrüben, Brotkanten und Wasser. Die Russen vertrieben sie aber immer wieder mit ihren Peitschen. Nach etwa dreißig Kilometern kamen wir in Trebbin an. Es war der 2. Mai 1945. In dem Gefangenenlager waren etwa 40 000 Landser untergebracht. Hier sollten wir nun auf lange Zeit bleiben. Am schlimmsten war, ohne Nachricht von zu Hause zu sein. Ich wußte nicht, lebten die Eltern überhaupt? Und wenn – wie konnten sie wissen, wo ich war?

Das Essen im Lager war zum Verhungern. Für jeweils zwanzig Mann warfen uns die Russen ein Brot zu. Dies geschah täglich gegen 16 Uhr. Es war die gesamte Tagesration. Viele Landser hielten das nicht durch und wurden krank. In den Barakken mit ihren zehn Räumen waren jeweils zirka 1000 Mann untergebracht. Nach einiger Zeit wurde das Essen besser. Jeder erhielt nun 500 Gramm Brot, einen gestrichenen Löffel Zukker und einen Schluck Kaffee. Außerdem gab es mittags einen knappen Kochgeschirrdeckel warme Erbsen.

Schrecklich waren die „Scheißhausparolen". Einer wußte immer mehr als der andere. Schwärzester Pessimismus wechselte mit hoffnungsvollen Prophezeiungen über Entlassungen. Vor allem Jugendliche dürften angeblich bald nach Hause. Aber daraus wurde natürlich nichts. Immer neue Gerüchte kamen von draußen ins Lager, aber keiner wußte wirklich, was los war. Was mich betraf, so sollte Neukölln, mein Berliner Heimatbezirk, restlos zerstört und die Menschen fast alle umgekommen sein. Es war furchtbar.

Am 25. Mai wurden uns die Haare abgeschnitten. Fortan liefen wir alle mit Glatze herum und sahen nun wie Sträflinge aus. Die sogenannten russischen Flintenweiber rasierten uns danach sogar unter großem Gelächter die Schamhaare ab und bespritzten diese Stellen mit einem weißen Pulver gegen Läuse.

Neuerdings mußte das ganze Lager jeden Morgen und jeden Abend zur Zählung antreten. Wir nannten es Viehzählung. Manchmal ließen uns die „Herren" lange im Regen stehen, bis sie endlich begannen. Aber wir ließen uns nicht unterkriegen. Langsam dachten wir im Lager auch wieder an andere Dinge. Einige besorgten einen Ball und betätigten sich sportlich. Mein Freund und ich aber waren dafür viel zu schwach und abgemagert. Ständig wurden wir von Ärzten auf ansteckende Krankheiten untersucht, denn davor hatten die Russen mächtigen Respekt.

Neue Schreckensmeldungen kamen im Lager auf, zum Bei-

spiel, das ganze Lager solle nach Kiew verlegt werden. Zum
Teil wurde dies tatsächlich wahr. Bei einer „Viehzählung"
mußte jeder Dritte vortreten und wurde zum Abtransport
aussortiert.

Krankheit als Rettung

Unterdessen war durch Mundpropaganda in der Bevölkerung
bekanntgeworden, daß es in Trebbin ein Gefangenenlager
gab. So kamen jetzt viele Frauen an den Stacheldraht in der
Hoffnung, eventuell ihre Männer zu sehen. Blieben sie länger stehen, trieben sie die russischen Wachtposten weg. Auch
ich fand mich immer wieder am Zaun ein. Vielleicht waren
ja doch Verwandte oder die Eltern zu sehen.

Als ich am 18. Juni 1945 wieder dort stand, hörte ich hinter
mir eine wohlbekannte Stimme. Ich drehte mich um und sah
Onkel Otto, einen Jugendfreund meines Vaters, vor mir. Das
waren Glücksmomente, die ich niemals vergessen werde!
Wir umarmten uns und schämten uns nicht unserer Tränen. Vor Freude brachten wir kein Wort heraus. Von diesem
Augenblick an hielten wir im Lager fest zusammen.

Als Onkel Otto und ich gerade wieder einmal beieinander
waren, erhielt ich am 28. Juni 1945 zwei kleine geschmuggelte Zettel mit ersten Nachrichten von zu Hause. Leider
waren sie über eine Woche alt, aber ich wußte nun, daß daheim alles in Ordnung war und meine Eltern lebten. Offenbar wußten Vater und Mutter, wo ich steckte. Auch erfuhr
ich so, daß meine Mutter schon mehrmals in Trebbin war,
mich aber nie gesehen hatte. Natürlich versuchte ich alles,
um einen persönlichen Kontakt zu meinen Lieben herzustel-
len. Ich bekam bald heraus, daß es im außerhalb des Lagers
liegenden Lazarett menschlicher zuging und Chancen bestan-
den, trotz Bewachung Angehörige sehen zu können. Sofort
meldete ich mich mit Halsschmerzen krank und bat einen
Sanitäter, mich doch ins Lazarett zu schaffen. Der gab meinen Wunsch einem deutschen Stabsarzt weiter, der im La-

*Im Gefangenenlager
Trebbin traf ich Onkel
Otto, einen Jugend-
freund meines Vaters.
Welch Zufall und
Glück für mich
Sechzehnjährigen!*

ger unter russischer Kontrolle das Sagen hatte. Ihm verdankte ich meine Verlegung ins Lazarett. Da die russischen
Ärzte große Angst vor Ansteckungen hatten, wurde ich mit
angeblich schwerer Angina dort eingeliefert.

Am 4. Juli 1945 hörte ich im Lazarett, daß eine deutsche
Krankenschwester nach Berlin fahren sollte. Auf der Stelle
schrieb ich zwei kleine Briefchen, eng auf Bonbonpapier ge-
kritzelt, und überredete die Krankenschwester, diese aus dem
Lazarett zu schmuggeln und mit nach Berlin zu nehmen.
Gesagt, getan! Meine Eltern waren sehr erstaunt, als plötzlich eine Krankenschwester ihnen diese seltsame Post über-
brachte. Die Freude soll sehr groß gewesen sein.

Im Lazarett wurde das Essen immer besser. Es gab täglich Mehl- oder Milchsuppen, Milchreis oder Grießbrei und

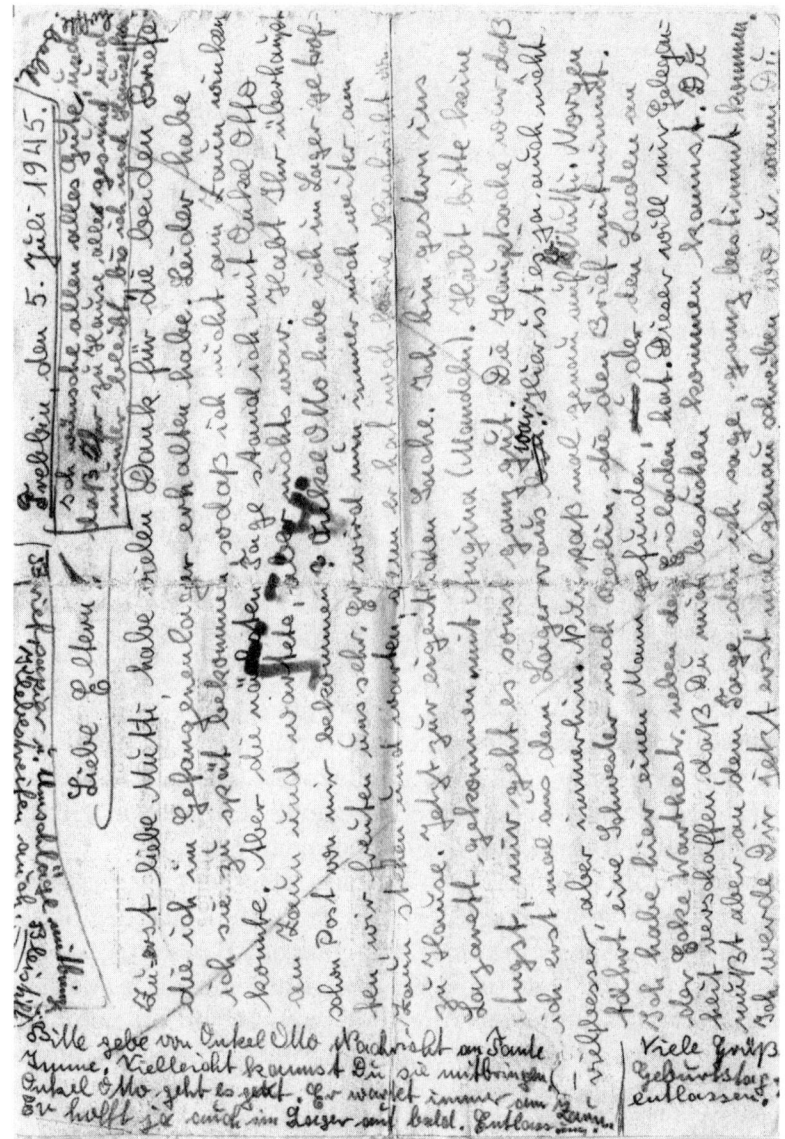

Papier war äußerst knapp. Der Brief an meine Eltern aus dem Lazarett vom 5. Juli 1945 ist eng beschrieben.

etwa 600 Gramm Brot, einen Eßlöffel Zucker, einen Eßlöffel Marmelade sowie Käse. Das Brot durften wir im Freien auf einem Kanonen-Ofen rösten. Luxus pur!

Da im Lazarett auch die Viehzählung wegblieb, konnten wir einigermaßen gut schlafen. In dieser Zeit versuchten einige Landser, aus dem Lager zu fliehen. Sie wurden aufgegriffen, erschossen und zur Abschreckung an den Stacheldrahtzaun gehängt. Wir hörten immer wieder von Greueltaten im Lager.

Endlich bekam ich ein hereingeschmuggeltes Briefchen von meiner Mutter. Sie wußte also, wo ich jetzt war! Jetzt mußte ich etwas organisieren!

Das Foto mit meinen Eltern aus dem Jahr 1938 trug ich immer bei mir. Wieviele Sorgen hatten sie sich um mich gemacht, als sie erfuhren, daß ich bei der Schlacht um Berlin im Kessel bei Halbe eingesetzt war!

Es gab ein Arbeitskommando für Feldarbeiten außerhalb des Lagers. Nur ausgesuchte Gefangene durften unter Aufsicht einer bewaffneten Russin auf den Acker. Mit meinen unschuldigen Augen meldete ich mich zu diesem Arbeitseinsatz und wurde für tauglich befunden. Meine Mutter erfuhr durch Zufall von meinem Vorhaben. Irgendwie schaffte sie es, die Russin zu bestechen. Sie machte ihr klar, ihr Junge käme mit heraus zum Arbeitseinsatz, und fragte, ob sie ihn nicht einmal sehen könnte. Die Russin hatte Mitleid und sorgte für ein Wiedersehen. Meine Mutter wartete in einem Kornfeld, und ich durfte während des Arbeitseinsatzes für kurze Zeit zu ihr. Das war ein Wiedersehen!

Lange lagen wir uns glücklich in den Armen, konnten kaum sprechen. Mutter war ziemlich abgemagert und lachte über meine Glatze. Die Hauptsache war, daß wir lebten!

Die Russin freute sich mit uns, aber bald mußte ich wieder zum Arbeitstrupp zurück.

Beim nächsten Treff erzählte mir Mutter etwas Seltsames: Sie habe einen Brief von der Gemeinde Halbe bekommen, in dem ihr mitgeteilt worden sei, ihr Sohn wäre im Kampfgeschehen um Halbe gefallen und auf dem Soldatenfriedhof begraben. Seine Papiere könnten abgeholt werden. Was für ein Glück, daß dieser Brief erst nach unserem Kontakt eingetroffen war! Nicht auszudenken, wenn der Brief früher angekommen wäre!

Später fiel mir ein, daß ich nach der großen Kesselschlacht um Halbe vorsichtshalber meine gesamten Papiere weggeworfen und nur meinen Freischwimmerausweis behalten hatte. Zum Zerreißen war keine Zeit gewesen. Ein anderer mußte sie aufgehoben haben. Ich hatte also wieder einmal Glück gehabt!

Nach einiger Zeit erreichte mich eine geschmuggelte Nachricht aus dem Lager von Onkel Otto. Er schrieb, daß er Frau und Sohn am Zaun gesehen habe und auch kurz sprechen konnte. Wieviel solch eine Zusammenkunft bedeutete!

So verging die Zeit. Ich dachte über meine Jugend nach, für andere Generationen, die glücklichste Zeit im Leben. Und was brachte sie mir? Ein Leben hinter Stacheldraht, für das der Aufenthalt im Lazarett schon eine große Verbesserung bedeutete! Wieder wurde im Lager von baldigen Entlassungen gemunkelt. Eines Tages tauchte plötzlich der Lazarettarzt auf und fragte, ob ich denn schon gesund sei oder noch krank wäre. Ich dachte in diesem Augenblick natürlich an die vielen Entlassungsgerüchte und sagte in meiner Unerfahrenheit prompt: „Ich bin gesund!"

„Wenn du nach Hause willst, mußt du krank sein!" belehrte mich der Doktor. Ich war sofort wieder sterbenskrank! Der Arzt versprach nichts, aber er schrieb in seine Unterlagen hinter meinen Namen: „Dauernde Angina, Rheuma und Herzleiden".

Tage später wurde ich einer russischen Ärzteschaft vorgestellt. Natürlich hatte ich Wolltücher um den Hals gewickelt und konnte kaum sprechen! Den Russen wurde meine Krankheit erklärt. Aus Angst vor Ansteckung kamen sie mir nicht zu nahe und untersuchten mich überhaupt nicht. Meine Entlassung wurde bewilligt!

Es verging aber eine geraume Zeit, bis ich endlich den Entlassungsschein auf Russisch erhielt. Aber immerhin wurde ich noch im Jahr 1945 entlassen. Ich schwor mir, nie wieder eine Uniform zu tragen und irgendwelche Waffen für kriegerische Auseinandersetzungen in die Hand zu nehmen. Ich war glücklich, daß dieser Krieg vorbei war, und daß ich wieder nach Hause konnte.

Was war aus „Olle Rossi", dem Draufgänger, geworden? Traurig zog ich Bilanz: Meine Kindheit und Jahre meiner Jugend waren durch die Hitlerzeit und den Krieg verloren.

[Schwellin bei Köslin*), Hinterpommern;
Frühjahr 1945]

Gisela Bertl

Das Häschen im Blätterhaus

Wie ungezählte Kinder vor und nach mir hatte ich als kleines Mädchen von meinen Eltern den „Struwwelpeter" erhalten. Darin gibt es auch die Geschichte vom wilden Jäger,
die so beginnt:

> „Es zog der wilde Jägersmann
> sein grasgrün neues Röcklein an,
> nahm Ranzen, Pulverhorn und Flint'
> und lief hinaus ins Feld geschwind.
> Er trug die Brille auf der Nas'
> und wollte schießen tot den Has'."

Aber der Jäger hatte sich gründlich verrechnet, denn:

> „Das Häschen sitzt im Blätterhaus
> und lacht den wilden Jäger aus."

Das Blätterhaus war auf dem Bild wie eine Rosette darge-
stellt, die das Häschen bedeckt, man sah sein graues Fell
nur ganz wenig durchscheinen. So konnte es sich retten. War
das eine Freude, daß der Jäger das Häschen nicht gesehen
hatte und deshalb nicht erschießen konnte!

Damals, in meiner Kinderzeit, ahnte ich nicht, daß mich
einmal ein ähnliches Schicksal ereilen würde.

---

*) heute Swielinow und Koszalin in Polen

Es war im März 1945, als die russischen Truppen unsere Heimat Hinterpommern besetzten. Der Krieg ging dem Ende zu. Die deutschen Truppen waren auf dem Rückzug und es gab keine Hoffnung mehr für uns Deutsche. Der Krieg war verloren. So hielten wir uns größtenteils im Wald in der Nähe unseres Dorfes Schwellin auf und versteckten uns vor den Russen.

Ende des Monats April wurde es allmählich wärmer und wir brauchten nicht mehr so sehr zu frieren. Der Frühling war eingezogen, die Bäume wurden grün. Es zogen aber immer noch russische Truppen durch den Ort, raubten und plünderten. Wir lebten weiterhin in großer Angst.

Eines Tages kamen erneut russische Truppen in unseren Ort, die vermutlich etwas Schlimmes entdeckt hatten, vielleicht Nazibilder oder Orden. Wir wußten es nicht, weil man sich auch nicht verständigen konnte. Sie trieben alle Schwelliner zusammen, mitten ins Dorf, wo sie einen Kreis bilden mußten. Meine Eltern und ich waren auch dabei.

Einige Leute wurden mit dem Gewehrkolben geschlagen. Die Russen brüllten sehr laut, doch keiner wußte, was sie von uns wollten. Dann umringten uns die Russen und zielten mit ihren Gewehren auf jeden von uns. Die Frauen begannen ganz laut zu schreien und hielten damit die Russen ab, auf uns zu schießen. Wir hatten nur einen Gedanken: „Rette sich, wer kann!"

Manchen gelang es tatsächlich zu fliehen, jeder lief in eine andere Richtung.

Ich war damals 16 Jahre alt und konnte sehr schnell laufen. Wie der Blitz durchbrach ich den Ring der Russen und rannte in den Mühlenwald, doch einer der Rotarmisten verfolgte mich und schoß dabei ununterbrochen. Die Kugeln sausten um meinen Kopf. Ich rannte im Zickzack wie ein Hase, so hatten wir es in der Schule gelernt.

Seine Schritte kamen immer näher. Ich hatte große Angst. Dann merkte ich, daß meine Kraft zu Ende ging; ich bekam nur noch schwer Luft. Ich lief ich in Richtung Mühlenteich, doch was sollte ich machen? In den Teich springen? Das wäre mein Tod gewesen, denn das Wasser war eiskalt, es kam aus einer Quelle. Obendrein hatten wir ja noch lange nicht Sommer. Es gab keinen Ausweg. Doch dann entdeckte ich einen umgestürzten Birkenbaum am Teich. Ich dachte, setze dich in die Zweige der Baumkrone, wenn dich der Russe entdeckt, kann er dich durch Genickschuß töten. Ich glaubte, das sei ein leichter Tod. Gesagt, getan, ich hockte mich in die Baumkrone und zog den Kopf ein. Schon hörte ich die Schritte immer näherkommen. Es kam mir vor wie eine Ewigkeit. Jetzt mußt du so jung sterben, war mein einziger Gedanke ...

Dann war der Russe da und stellte sich auf den Stamm des Baumes, in dessen Krone ich nur ein paar Meter entfernt saß. Ich schielte zur Seite und beobachtete, wie sein Blick den Mühlenteich absuchte. Er dachte sicher, ich sei in den Teich gesprungen, denn er schoß dreimal in diese Richtung. Danach feuerte er noch dreimal in die Luft und entfernte sich anschließend.

Er hatte mich nicht gesehen, obwohl ich nicht so gut bedeckt gewesen war wie der kleine Hase in der Geschichte vom Jägersmann. Meine Baumkrone war nicht so reich belaubt, und doch war sie für mich armes Häschen ein schützendes Blätterhaus gewesen. Da mußte ein Schutzengel sich meiner erbarmt haben, das spürte ich ganz deutlich. Meinen Jäger konnte ich aber nicht auslachen, weil ich trotz des großen Glücks, am Leben zu sein, unter Schock stand. Es dauerte noch lange, bis ich fähig war, nach Hause zu gehen, wo ich schon sehnsüchtig von meinen Eltern erwartet wurde.

*(Weitere **ZEITGUT**-Beiträge dieser Autorin sind im Autorenverzeichnis am Ende des Buches vermerkt.)*

[Kehl/Rhein – Freudenstadt – Oberharmersbach
bei Zell, Schwarzwald – Lahr, Baden – Isny – Innsbruck –
Inntal – Kempten – Leutkirch – Biberach –
Unteressendorf, Allgäu;
1944/45]

Josef Marx

In schweren Zeiten braucht man Glück

Meine Eltern waren Saarschiffer und Partikuliere – selbständige Schiffseigentümer – auf unserem Schiff „Helga". Ich war deshalb seit dem Grundschulalter daran gewöhnt, nur in den Ferien bei ihnen zu sein. War ich bislang während der Schulzeit in einem Internat gewesen, so wohnte ich ab September 1942 bei meiner Tante Lenchen in Kehl am Rhein und besuchte dort die Adolf-Hitler-Schule. Das war eine politisch ausgerichtete Schule, in der wir sehr streng nach den Grundsätzen des Dritten Reiches erzogen wurden. Meine Eltern hatten diese Schule nicht selbst gewählt, sondern wir Schüler wurden von den Lehrern der Volksschule ausgesucht und nach unseren schulischen Leistungen auf entsprechende Schulen verteilt. In den ersten Jahren waren wir auch noch ganz stolz darauf, in diese Schule zu gehen. Daß man jeden Tag in Uniform zu erscheinen hatte, war ganz selbstverständlich.

Zwei Jahre später sahen wir die Sache aber schon etwas differenzierter. Zwar hätte sich keiner getraut, öffentlich irgendwelche Kritik am Staat zu äußern oder gar am Endsieg zu zweifeln, aber die große Begeisterung hatte merklich nachgelassen. Ende Oktober, Anfang November, ich war im Oktober 1944 gerade 15 Jahre alt geworden, erhielten die Jahrgänge 1928/29 die Einberufung als Flakhelfer, also auch ich. Wir hatten, auch wenn es keiner zugab, ein mulmiges Gefühl, denn wir wußten, daß der Amerikaner im Westen schon

nicht mehr allzuweit vom Rhein entfernt stand. Meine Einberufung kam per Post zu Tante Lenchen. Ich mußte nach
Freudenstadt im Schwarzwald. Mit kleinem Gepäck fuhr ich
mit mehreren Klassenkameraden im Zug von Kehl nach
Freudenstadt, wo wir uns in der Kaserne bei der Kommandantur zur Ausbildung als Flakhelfer melden sollten, die
sechs bis acht Wochen dauern würde.

Aufbruch ins Ungewisse

Überraschenderweise wurde ich kurz vor Weihnachten nach
Oberharmersbach bei Zell am Kinzig zum Bauern Josef
Kempf abkommandiert. Hier waren dicke Baumstämme, vor-
wiegend Tannen, zu fällen, die zur Errichtung von Panzer-
sperren benötigt wurden. Auf dem Bauernhof wohnte ich mit
einem polnischen Fremdarbeiter zusammen in einer Kammer. Die harte und ungewohnte Arbeit fiel mir nicht leicht.
Ich hatte noch die Möglichkeit, meinen Eltern einen Brief
zu schreiben und ihnen mitzuteilen, wo ich war, bevor ich im
Februar 1945 meinen endgültigen Musterungsbefehl nach
Lahr bekam. Dort erhielt ich sofort meinen Stellungsbefehl
zum RAD (Reichsarbeitsdienst) nach Freudenstadt. Also zurück zum Bauernhof, die paar Sachen, die ich besaß, zusam-
mengepackt und teils mit dem Zug und teils zu Fuß wieder
nach Freudenstadt in die Kaserne. Unsere militärische Ausbildung zur Infanterie – wie bediene ich eine Panzerfaust
oder ein Maschinengewehr? – hatte nur etwa vier Wochen
gedauert, als es eines Morgens unverhofft hieß: „Alle Mann
feldmarschmäßig antreten, kompanieweiser Ausmarsch!"
Alles ging so schnell, daß man überhaupt nicht zum Nachdenken kam. Uns schoß nur ein Gedanke durch den Kopf: Jetzt
geht es an die Front, wir kämpfen gegen die Amerikaner!
Unsere Kompanie bestand aus einem Kommandeur, fünf
bis sechs sogenannten Vormännern und ansonsten nur Jungen in meinem Alter, 15, 16 oder höchstens 17 Jahre alt. In
unseren Uniformen des RAD setzten wir uns zu Fuß – wo es

Am 21. März 1945 wurde ich, geboren am 4. Oktober 1929, in Lahr
gemustert. „Kriegsverwendungsfähig" steht in meinem Wehrpaß.

noch möglich war, auch ein Stück mit dem Zug – in Richtung
Bodensee in Bewegung. Zum Übernachten wurden wir auf
staatliche Gebäude oder Bauernhöfe verteilt, wo wir auch
unseren Proviant bekamen. Informationen erhielten wir so
gut wie keine. Irgendwann hieß es, wir müßten Auffangstellungen gegen die Amerikaner bauen. Vom Bodensee fuhren
wir dann ein letztes Mal mit dem Zug weiter bis nach Isny im
Allgäu. Dort verbrachten wir ein paar Tage in einem Lager
des RAD, wo wir noch einige Instruktionen zum Bau von Auffangstellungen erhielten. Ich habe Isny auch deshalb in recht
schlechter Erinnerung, weil ich von heftigen Zahnschmerzen
geplagt wurde und zum Zahnarzt mußte, und in dieser Zeit
war man mit Betäubungsmitteln nicht sonderlich großzügig.
Von Isny bewegten wir uns nur noch zu Fuß und nachts
oder bei trübem Wetter weiter, denn die Gefahr der Tiefflie-
gerangriffe wurde immer größer. Quer durchs Allgäu führte

unser Marsch, an Immenstadt vorbei bis nach Roßhaupten.
Die Brücke über den Lech war bereits gesprengt; wir mußten
den Fluß auf Bohlen überqueren. Weiter über Oberammer-
gau, Garmisch Partenkirchen, Mittenwald bis ins Inntal.
Zwischendurch wurde immer wieder der Befehl zum Bau
von provisorischen Auffangstellungen ausgegeben. Wir kamen kaum zum Ausruhen und waren so erschöpft vom Laufen, daß wir bei jeder sich bietenden Möglichkeit einschlie-
fen. Noch hatten wir keinen Feindkontakt gehabt, aber die
Angst war groß. Von Kriegsbegeisterung war nichts mehr
vorhanden. Wenn wir uns wirklich nachts einmal niederle-
gen konnten, war so manches unterdrückte Schluchzen zu
hören. Trotz allem mußten wir an den offiziellen Parolen
festhalten, und niemand hätte es gewagt, auch nur ansatz-
weise anzudeuten, daß der Krieg verloren wäre. Aber es gab
auch noch eine andere unausgesprochene Angst, nachdem
wir bemerkt hatten, daß wir uns immer weiter nach Osten
bewegten: Wir befürchteten, über kurz oder lang womöglich
den Russen in die Arme zu laufen.

Kurz hinter Innsbruck war allen klar, daß die Amerikaner
bereits unmittelbar hinter uns waren. Man konnte bereits
das Brummen der Motoren und das Klirren der Panzerket-
ten hören. Am frühen Morgen, es war noch dunkel, rief unser Kommandeur uns noch einmal alle zusammen und gab
den Befehl, in kleinen Gruppen in ein Seitental des Inns aus-
zuschwärmen. Wir waren schon in den letzten Tagen nur in
kleinen Gruppen unterwegs gewesen, um den Tiefliegern
keine große Zielscheibe zu bieten. In Gruppen von drei bis
vier Jungen zogen wir in das Tal. Die Amerikaner bemerkten uns nicht und zogen weiter durch das Inntal.

Kinder in Uniform allein unterwegs
Aber was nun? Plötzlich waren kein Kommandeur und keine Vormänner mehr da. Mittlerweile hatten wir auch begriffen, warum wir noch keinen Feindkontakt gehabt hatten:

Unser Kommandeur hatte uns immer sehr geschickt marschieren lassen und dadurch vor direkten Begegnungen mit dem Feind bewahrt – natürlich stets unter dem Vorwand, daß wir Auffangstellungen bauen müßten! Jetzt waren wir auf uns allein gestellt. Wir warfen unsere Gewehre und was wir sonst an militärischer Ausrüstung hatten, weg und versuchten, irgendwie weiterzukommen. Unsere kleine Gruppe fand zunächst bei einem Bauern Unterschlupf. Er gab uns etwas zu essen, und wir durften in seiner Scheune schlafen. Uns ins Haus zu lassen, war ihm zu gefährlich. Nach zwei Nächten schickte er uns weg. Wir teilten uns nochmals auf, und ich versuchte zusammen mit einem Jungen aus Essen, dessen Namen ich leider vergessen habe, aus dem Tal heraus nach Westen zu gelangen. Wir trugen noch unsere RAD-Uniformen, Zivilkleidung hatte der Bauer uns nicht gegeben. Deshalb wollten wir uns mit einem Rechen und einer Heugabel als Knechte tarnen. Immerhin hatte ich noch vor kurzem in dieser Uniform Bäume gefällt und beim Bauern gewohnt. Über Seitenstraßen – ich war zum Glück schon früher so pfiffig gewesen, mir eine Landkarte zu organisieren – liefen wir zurück in Richtung Schwarzwald.

Unterwegs baten wir immer wieder bei Bauern um Essen und Unterkunft. Einmal bot uns ein Bauer eine Kammer an, in der in der Nacht zuvor noch amerikanische GIs übernachtet hatten. Fast hätte ich gesagt, die Betten waren noch warm. Aber das war uns egal, Hauptsache, wir hatten mal wieder für eine Nacht ein Dach über dem Kopf und konnten in einem Bett schlafen. Beim Inspizieren der Kammer entdeckten wir in der Schublade der Kommode von den Amerikanern vergessene Lebensmittel, über die wir uns sofort hermachten. Unter anderem fanden wir auch Kekse, Schokolade und – Cola, etwas ganz Ungewohntes, das ich zum ersten Mal in meinem Leben trank. In dieser Nacht schliefen wir mal einigermaßen gesättigt ein.

Am nächsten Tag ging es über Nesselwang, wo wir in der Bürgermeisterei übernachteten, weiter Richtung Kempten.

Kurz vor Kempten war dann unser Marsch zu Ende. Amerikanische Soldaten griffen uns auf und brachten uns nach Kempten ins Lager. Als der dortige Kommandant uns sah, schüttelte er nur den Kopf. „Your are children, go home to your mother", waren seine Worte. Er konnte es wohl nicht fassen, daß sie zum Schluß noch hätten gegen Kinder kämpfen sollen. Alle, die unter oder gerade 16 Jahre alt waren, bekamen einen Passierschein und wurden nach Hause entlassen. Unsere Freude und Erleichterung war riesengroß! Mein Freund aus Essen und ich machten uns sofort auf den Weg. Wir fühlten uns mit unseren Passierscheinen ganz sicher und malten uns schon das Wiedersehen mit unseren Familien aus. Bis zum Schwarzwald wollten wir noch zusammenbleiben, danach wollte jeder alleine seine Familie finden.

Eine böse Überraschung

Unsere Freude währte aber nicht lange. In der Nähe von Bad Wurzach kamen wir, ohne es zu wissen, von der amerikanischen in die französische Besatzungszone. Nach kürzester Zeit hielt ein Jeep, und französische Soldaten nahmen uns gefangen. Den von uns sofort vorgezeigten Passierschein zerrissen sie einfach und brachten uns mit dem Jeep nach Leutkirch, wo wir zusammen mit weiteren Gefangenen in einem alten Kinosaal eingesperrt wurden. Zu essen gab es erst mal nichts. Am zweiten Tag erhielten fünf bis sechs Gefangene zusammen ein Brot und ein Stück Käse. In dem Saal war es so eng und voll, daß sich nur wenige zum Schlafen hinlegen konnten. Teilweise saßen wir Rücken an Rücken, um wenigstens etwas einnicken zu können. Nach zwei Tagen mußten wir zu Fuß weitermarschieren. Über Waldsee, wo wir auf dem Marktplatz übernachteten, ging es am darauffolgenden Tag nach Biberach an der Riss. Die Bevölkerung war aufgefordert worden, Eßwaren an den Straßenrand zu bringen und an uns weiterzugeben. Man kann sich vorstellen, daß bei diesem Marsch jeder von uns am Rande und nicht in der Mitte laufen wollte.

In Biberach brachte man uns in ein Gefangenenlager. Das bestand aus zwei oder drei Baracken eines früheren Ausbildungslagers des Reichsarbeitsdienstes. Deutsche Soldaten, in der französischen Besatzungszone aufgegriffen, wurden erst einmal hierher gebracht. Da in den Baracken nicht für alle Gefangenen Platz war, mußte der größte Teil im Freien übernachten. Inzwischen war es fast Mitte Mai, aber die Nächte waren immer noch recht kalt. Auch die Verpflegung im Lager war miserabel.

Der Lagerleiter war ein Deutscher, der sehr gut französisch sprach und natürlich dem französischen Kommandanten unterstand. Die Baracken waren an einen Hang gebaut. Darunter befand sich ein Kellerraum, der an der Rückseite direkt an den Hang grenzte, aber auch nach vorne war kein Fenster vorhanden, nur durch ein kleines Tor kam man in den Innenraum. Schon am Morgen des zweiten Tages sortierte der Lagerleiter alle Jungen, die unter 16 waren oder sehr schwächlich aussahen, aus und ließ sie in diesen Keller einsperren, darunter auch mich. Hier herrschte absolute Finsternis. Als wir beim Vorwärtstasten über Beine und Füße stolperten, merkten wir, daß wohl noch mehr Leute in diesem Keller waren. Mir rutschte das Herz in die Hose, und ich überlegte, was ich wohl verbrochen hatte, um in dieses dunkle Verlies eingesperrt zu werden. Wir wurden noch angeherrscht, uns hinzusetzen und ruhig zu verhalten. Danach fiel das Tor ins Schloß.

Wir saßen noch nicht lange, als man von draußen Geräusche von vorfahrenden LKW hörte. Ladeklappen schepperten, französische Befehle wurden gerufen. Dann Fußgetrappel, noch ein paar Flüche, und die LKW fuhren wieder weg. Nun wurde das Tor zu unserem Keller wieder geöffnet, und wir durften nach draußen kommen. Was war geschehen?

Wir erfuhren, daß jeden Morgen Lastwagen Gefangene zum Weitertransport in Kriegsgefangenenlager nach Mittel- und Südfrankreich abholten. Es wurden immer so viele aufgeladen, wie auf die LKW paßten. Unser Lagerleiter hatte uns Jungen einsperren lassen, damit uns dieses Schicksal erspart blieb. Es war also keineswegs eine Schikane gewesen, ganz im Gegenteil! Er hatte uns vor großem Unheil bewahrt. Waren die LKW weg, konnten wir uns innerhalb des Lagers frei bewegen. So erlebte ich in diesen unseligen Zeiten nun schon zum zweiten Mal Glück im Unglück.

Nach einer Woche kamen geistliche Würdenträger ins Lager. Sie hatten wohl mit dem französischen Kommandanten ausgehandelt, daß alle Jungen, die 16 Jahre und jünger waren, das Lager verlassen durften, um auf den umliegenden Höfen zu arbeiten. Arbeitskräfte wurden bei den Bauern dringend gebraucht. Alle Knechte hatten Wehrmachtssoldaten werden müssen und waren nun entweder gefallen oder in Gefangenschaft. Die polnischen, russischen oder französischen Fremdarbeiter aber, die sie im Krieg auf den Höfen ersetzen mußten, waren natürlich alle weg und Arbeitskräfte Mangelware. Wie sollten die Bauern für die Ernährung sorgen?

Nicht alle konnten sich ausweisen und Papiere über ihr Alter vorlegen, sie wurden teilweise auch geschätzt. Ich bewahrte meinen Wehrpaß noch immer am Körper auf. In einem dünnen Brustbeutel hatte ich ihn knapp über dem Bauchnabel versteckt. Bei keiner der vielen Untersuchungen war er gefunden worden – Brust raus, Bauch rein; er ist zum Glück nie aufgefallen.

Beim Bauern

Ein Bauer holte mich aus dem Lager. Wieder einmal ging es zu Fuß los, und zwar zu seinem Hof nach Unteressendorf. Mit zwölf Milchkühen, vier Ochsen, zwanzig Jungtieren und mehreren Ländereien war es schon ein recht großes Anwesen. Hier lebte der Bauer mit seiner Frau, seinen drei kleinen Töchtern und der Altbäuerin. Zum Arbeiten hatte er noch einen Jungen, nicht ganz so alt wie ich, der mit seiner Mutter aus dem Ruhrgebiet in den Nachbarort evakuiert worden war. Mit ihm teilte ich auch meine Kammer. Außerdem gab es noch zwei weitere Evakuierte auf dem Hof: eine Frau mit ihrem 14jährigen Sohn.

Das waren zu wenig Arbeitskräfte, wenn gepflanzt oder geerntet werden sollte. Dann mußten weitere evakuierte Frauen aus dem Dorf helfen. Schon unterwegs fragte mich der Bauer, ob ich Läuse oder Flöhe hätte. Die Frage nach Läusen mußte ich leider mit „Ja" beantworten. Bei Ankunft auf dem Hof hieß es deshalb, noch bevor ich das Haus betreten durfte: Erst einmal in die Waschküche und alle Kleider ausziehen!

Die Bäuerin bereitete einen Waschbottich mit siedendem Wasser, in den meine gesamten Kleider geworfen und ausgekocht wurden. Splitternackt stand ich da, bis der Bauer mir eine Zinnwanne mit heißem Wasser füllte und ich mich nach langer Zeit wieder einmal richtig mit Seife waschen konnte. Für meine Haare reichte er mir eine Paste, die ich auf den Kopf zu schmieren hatte, um auch den letzten Läusen noch den Garaus zu machen. Danach bekam ich Kleidungsstücke, die die russischen Fremdarbeiter auf seinem Hof zurückgelassen hatten.

Meine erste Arbeit auf dem Hof war, Mist auf einen Wagen zu laden. Ich war noch nie einer der Stärksten gewesen, und die vergangenen Monate hatten mich zusätzlich sehr geschwächt. Als der Bauer mich mit der Mistgabel in der Hand sah, meinte er nur: „Ich glaube, dich muß ich erst mal wieder richtig rausfüttern, damit du Kraft in die Arme bekommst."

Es gab aber noch ein Problem. Ich stand vor dem Misthaufen und schaute auf meine Füße. Ich hatte nur das eine Paar Schuhe, die ich mir auf keinen Fall im Mist verderben wollte. Also beschloß ich, sie auszuziehen und barfuß Mist zu schaufeln. Nun geschah etwas, was ich nicht gewußt hatte: Je tiefer ich in den Mist kam, um so wärmer wurde er; zuletzt so heiß, daß ich mir fast die Füße verbrannte. Schließlich erbarmte sich der Bauer und brachte mir ein Paar alte Gummistiefel.

Auf dem Hof hatte ich es gut. Der Bauer war fair zu mir, Essen gab es auch genug. Wir saßen zu den Mahlzeiten alle zusammen am Tisch und jeder konnte sich satt essen. Der Bauer hatte auch selbstgemachten Apfelwein. Allerdings zwei verschiedene Sorten: eine für sich und die andere für die Gefolgschaft. Schnell hatte ich herausgefunden, daß der Wein des Bauern wesentlich besser schmeckte. Weil er mich gut leiden konnte, hatte ich die Ehre, ihm den Wein aus seinem Faß im Keller holen zu dürfen. Oft habe ich dann erst mal den Mundschenk gespielt und einen großen Schluck von dem guten Tropfen vorgekostet.

Am Sonntag ging es regelmäßig zur Kirche. Dafür bekam ich von ihm eine Hose, ein Hemd, eine Jacke und eine Krawatte. Ob er die Sachen von einem früheren Knecht oder eingetauscht hatte, weiß ich nicht. Es war mir auch egal, Hauptsache, ich hatte wieder etwas zum Anziehen.

Auf dem Hof hatte ich ganz unterschiedliche Arbeiten zu erledigen. Einmal sollte ich mit einem der Ochsen zum Dorfschmied gehen. Der Ochse sollte beschlagen werden. Dabei mußte ich dem Schmied zur Hand gehen und das Bein des Tieres festhalten. Das Eisen war noch nicht richtig fest und ein Nagel stand seitlich ab, als der Ochse plötzlich auskeilte und mich am Oberschenkel mit dem Nagel traf. Es tat höllisch weh, aber ich wollte mir nichts anmerken lassen und hob sein Bein erneut an. Beim Bücken merkte ich, wie mir das Blut aus dem Hosenbein lief. Als ich die Hose auszog, sah man, wie das Blut im Herzrhythmus pulsierend aus der Wunde schoß. Der Ochse hatte meine Schlagader getroffen!

Der Schmied reagierte sofort und band mir mit einem Gürtel den Oberschenkel ab. Rasch spannte er ein Pferd vor einen alten Panjewagen, lud mich auf und fuhr mit mir zirka acht Kilometer nach Eberhardzell, wo es noch einen Arzt gab. Der alte pensionierte Doktor beruhigte mich und schüttete erst einmal Jod in die Wunde. Danach versuchte er, mit zwei Blechklammern, mehr hatte er nicht zur Verfügung, die Wunde zu schließen. Mit einem dicken Verband versehen, brachte mich der Schmied wieder zurück zu meinem Bauern. Dieser war natürlich nicht sehr erfreut. Hatte er mich doch gerade etwas auf die Beine gebracht. Durch den großen Blutverlust war ich erneut geschwächt. Weil ich nun nicht richtig laufen konnte, brachte mir der Bauer das Traktorfahren bei. Da konnte ich im Sitzen arbeiten. Die Narbe habe ich heute noch als Andenken an den Ochsen.

Sehnsucht nach meiner Familie

Obwohl es mir auf dem Hof nicht schlecht ging, hatte ich Sehnsucht nach meiner Familie, meinen Eltern und den beiden Brüdern. Die letzte Nachricht von ihnen war diese gewesen: Sie hatten unser Schiff verlassen müssen und waren danach auf den Bauernhof in Oberharmersbach gekommen, wo ich zu Beginn meiner Kriegsodyssee zum Baumfällen einquartiert gewesen war. Meine Eltern hatten gehofft, mich dort noch zu treffen. Das war lange her. Jetzt, im Sommer 1945, wurden Briefe auf dem Postwege nicht mehr transportiert. Also versuchte ich auf andere Weise, mit meinen Eltern Kontakt aufzunehmen. Ich schrieb jede Woche einen Brief, adressierte ihn an meine Eltern mit der Anschrift des Bauernhofs in Oberharmersbach und legte ihn am Bahnhof in Unteressendorf an den Fahrkartenschalter in der Hoffnung, ein Fahrgast würde ihn mitnehmen und weiterleiten. Ich mußte lange warten, meine Geduld wurde auf eine harte Probe gestellt. Endlich, im Ende Oktober 1945, ich war bei der Kartoffelernte, überraschte mich mein Vater auf dem Feld! Einer meiner Briefe hatte sein Ziel erreicht, und Vater hatte sich umgehend auf den Weg gemacht, um mich zu finden. Meine Freude über seine Ankunft kann ich nicht beschreiben. Zum dritten Mal hatte ich Glück in schwerer Zeit!

Doch noch gab es ernsthafte Schwierigkeiten. Vater durfte zwei Nächte bleiben, aber mitnehmen konnte er mich nicht. Ich hatte ja keine Papiere und wäre bei der nächsten Kontrolle sofort wieder eingesperrt worden. Also überlegten wir uns eine Strategie, wie ich dennoch nach Hause käme. Zuerst ging mein Vater mit mir in den Nachbarort zum Fotografen, der Paßfotos von mir machte. Mit diesen Fotos fuhr Vater zurück nach Oberharmersbach. Dort überzeugte er den Bürgermeister davon, daß ein gerade 16 Jahre alt gewordener Junge doch zu seiner Familie gehöre und er mich unbedingt nach Hause holen müsse. Überredet, stellte der Bürgermeister meinem Vater eine mit den neuen Paßbildern ausgestattete Bescheinigung aus, daß ich in Oberharmersbach bei meinen Eltern wohnen würde. Mit einem zweiten Dokument genehmigte er eine Reise von Vater und Sohn nach Unteressendorf wegen eines Trauerfalls. Mit diesen Bescheinigungen kehrte mein Vater Ende November nach Unteressendorf zurück. Wenn wir nun auf unserer Heimreise kontrolliert würden, sah es nur nach einer kurzen Trauervisite aus, von der wir zurückkehrten. Der Bauer hatte nichts gegen meine Heimreise. Ich glaube, er freute sich mit mir, daß ich meine Familie wiedergefun-

Meine Eltern und meine beiden Brüder Ostern 1945 in Oberharmersbach im Schwarzwald. Das Foto wurde anläßlich der Kommunion meines mittleren Bruders aufgenommen.

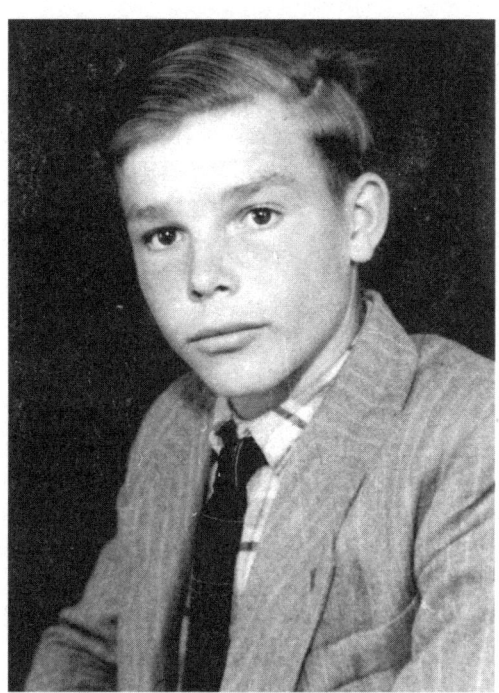

*Das bin ich, gerade
16 Jahre alt. Das Foto
wurde für meine Be-
scheinigung zur Rück-
reise zu meinen Eltern
gemacht. Die Jacke, das
Hemd und die Krawat-
te hatte mir der Bauer
für den sonntäglichen
Kirchgang geschenkt.*

den hatte. Er zahlte mir sogar noch für jeden Monat, den ich bei ihm gearbeitet hatte, vierzig Reichsmark aus. So konnte ich dann endlich mit meinem Vater heimkehren zu meiner Familie. Wieviel Glück im Unglück war doch nötig gewesen, mich vor dem Schlimmsten zu bewahren!

Zunächst war da ein Kommandant, der seine Jungen nicht als Kanonenfutter opfern wollte, dann ein Lagerleiter, der dafür sorgte, daß ich nicht in einem Kriegsgefangenenlager in Frankreich landete. Schließlich ein Bauer, der es gut mit mir meinte sowie ein Schmied, der schnell reagierte. Und nicht zuletzt hatte ich einen Vater, der nichts unversucht gelassen hatte, bis ich wieder bei meiner Familie war.

Die Geschichte wurde von Josef Marx Tochter Claudia Macha aufgeschrieben.

[Bretzenheim bei Bad Kreuznach, Rheinland-Pfalz –
Breslau – Oder/Neiße-Grenze bei Görlitz – Einsiedel bei
Chemnitz, Sachsen – Helzendorf bei Hoya und Goslar,
Niedersachsen;
Mai 1945 – 1948]

Christian Kergel

Hoffnungslosigkeit und glückliche Fügungen

Vater und Sohn – Kriegsgefangene in Ost und West

7. Mai 1945. Kriegsgefangenenlager Bretzenheim bei Bad
Kreuznach – eines von vielen auf den Rheinwiesen. Abertau-
sende sind auf engstem Raum zusammengepfercht. Einer
davon bin ich. Heute ist mein 18. Geburtstag. Es ist noch
sehr früh am Morgen und kalt. Eine dünne weiße Schnee-
decke überzieht das Gelände. Meine Gedanken fliegen zurück in die Kindheit und Jugendzeit. Wie waren doch die
Geburtstage im Breslauer Elternhaus voller Glück und Fröh-
lichkeit! Der Duft des Flieders erfüllte das Zimmer, die Mai-
käfer aus Schokolade gehörten immer ebenso dazu, wie ihre
lebenden Vorbilder, die mich stets im Wonnemonat umsumm-
ten. Eine Welt des Friedens und der Geborgenheit war das.
  Zurück in der Wirklichkeit, umgeben mich Hunger, Hoffnungslosigkeit, Verzweiflung. Für einen Becher Wasser stehen wir stundenlang am Wasserwagen an, dann ist auch mal
der Vorrat erschöpft! Die Amerikaner sind wohlgenährt und
überversorgt. Unsere Verpflegung?
  Ein Weißbrot für zwanzig Mann, zur Abwechslung ein
Beutel mit Kaffeepulver und Zucker, dann mal eine rohe
Kartoffel und eine Backpflaume, dann mal gar nichts.
  Es ist unfaßbar: Wie die meisten anderen Wehrmachtsan-
gehörigen, die sich in Richtung Westen durchgeschlagen hatten, war ich froh gewesen, in amerikanische und nicht in

Das einzig erhaltene Foto aus dieser Zeit zeigt mich im Januar 1945 als siebzehnjährigen Offiziersschüler an der ROB-Offiziersschule in Jena, Thüringen.

russische Gefangenschaft geraten zu sein, hatte auch ich geglaubt, daß wir bei den Amerikanern gut behandelt würden. Viele von uns fallen in totale Apathie, stehen vor Entkräftung nicht mehr auf, sterben. Ihre Zahl wächst von Tag zu Tag, sie werden in eine Grube geworfen, mit Kalk bestreut und zugeschüttet. Die hygienischen und sanitären Verhältnisse sind unmenschlich, jegliches Verantwortungsgefühl ist ausgeschaltet. Wer kraftlos in die Grube der Latrine stürzt, stirbt einen grausamen, qualvollen Tod.

Wir versinken im Schlamm, die Folge langer Regenfälle. Krankheiten breiten sich aus, Typhus befällt fast jeden von uns. Am Morgen gehen Sanitäter durch die langen Reihen der Liegenden, stoßen mit dem Fuß diejenigen an, von denen sie glauben, sie seien tot. Kein Zelt, keine Überdachung, kein Gebäude schützt uns, ringsherum Stacheldraht. An diesem traurigen Tag meines 18. Geburtstages versinkt rings um mich alles – Menschenwürde, Menschlichkeit und Anstand – im Chaos von Haß und Verachtung.

Zivilisten kommen zum Stacheldraht, versuchen Kartoffeln und anderes herüberzuwerfen, werden von Wachmannschaften mit Kolbenstößen unbarmherzig verjagt.

Ich aber denke heute immer nur an das eine, immer wieder hämmern die Fragen in meinem Kopf: Lebt meine Mutter noch? Hat sie die Flucht, die Bombenangriffe überstanden? Und der Vater in Breslau? Wird dort noch gekämpft, die Festung verteidigt? Ich habe nur wenig Hoffnung, daß er überlebt und zurückkehrt.

Aber mit unbändiger Kraft fasse ich den Willen zu überleben, das Elend hier durchzustehen. Ich fühle mich irgendwie beschützt und glaube fest daran, daß ich durchkomme. Dieses Gefühl hatte ich auch in den Kämpfen vor der Gefangenschaft. Ich weiß noch nicht, daß ich in Kürze den Franzosen übergeben werde und daß mir eine Gefangenschaft von dreieinhalb Jahren bevorsteht, mit unglaublichen Belastungen und schweren Arbeitskommandos. Die Auslieferung von Kriegsgefangenen einer Gewahrsamsmacht an eine andere Nation ist nach dem III. Genfer Abkommen strikt untersagt, findet jedoch allenthalben statt.

Wir waren besiegt, befreit, aber recht- und schutzlos. Hilflos ausgeliefert. Die Bestimmungen des III. Genfer Abkommens von 1929 zur Behandlung der Kriegsgefangenen sind von der Gewahrsamsmacht einzuhalten. Der amerikanische Staat hatte sie unterzeichnet, mißachtete sie jedoch. Eisenhower, der Oberkommandierende und spätere Präsident der USA, machte sich sein eigenes Gesetz mit der Erfindung der „disarmed enemy forces" („entwaffnete Feindkräfte") , das von den anderen Alliierten abgelehnt wurde. Auch die Dele-

gierten des Internationalen Komitees vom Roten Kreuz
(IKRK) wurden abgewiesen – ein eklatanter Bruch des Völ-
kerrechts!

Die Wunder von Breslau

7. Mai 1945 in Breslau. Die Festung kapituliert nach einem
erbittert geführten Kampf von drei Monaten gegen eine riesige Übermacht. Breslau, die letzte intakte Großstadt – vor dem
Krieg 630 000 Einwohner, im Krieg über eine Million –, ist
jetzt zu siebzig Prozent zerstört. Die Stadt brennt. Überall
Trümmer und Ruinen. Mein Vater, 57 Jahre alt, lebt. Sein
Leidensweg beginnt. Mit Tausenden geht er in die Kriegsgefangenschaft. Lange Kolonnen ziehen sich durch die total zerstörte Südstadt. Stumm und hoffnungslos.

Mein Vater ist in Gedanken bei seiner Frau, bei seinem
Sohn, der am heutigen Tage 18 Jahre alt wird. Er denkt an
das Leben in dieser Stadt, in der sie beide geboren wurden.
Hier hat er studiert, seine Doktorwürde erhalten und war
im Höheren Schuldienst tätig. Hier wurde er noch zum Volkssturm eingezogen und mußte erleben, wie seine Vaterstadt
in Schutt versank, während seine Frau mit einem der letzten Züge im Januar 1945 aus der Festung fliehen konnte.

Nun beginnt eine Geschichte, die so unglaublich ist, daß
sie erfunden sein könnte. Es wäre ein Stoff für einen span-
nenden Film. Noch sitzt mein Vater im russischen Gefangenenlager Fünfteichen bei Breslau. Es vergehen viele Wochen. Immer wieder werden Transporte zusammengestellt
mit dem Ziel Osten, Wiederkehr ungewiß. Mein Vater könnte bei einem der nächsten Transporte dabeisein. Da geschieht etwas Unfaßbares. Zwei Männer, Antifaschisten, die
bei den Russen große Privilegien und einen entsprechenden Bewegungsraum haben, entdecken den Vater. Jähe
Furcht befällt ihn.

„Wir kennen Sie und Sie uns. Wir waren bei Ihnen im Stu-
dienseminar in Breslau. Sie waren der verantwortliche Direk-

tor und haben uns zum Abschluß als Studienassessor geführt", sagt der eine.

Und der andere: „Sie kannten unsere politische Einstellung, aber Sie haben das beiseitegeschoben und geschwiegen. Und Sie haben uns – wie alle Referendare – ausschließlich nach wissenschaftlicher Qualifikation und pädagogischen Fähigkeiten beurteilt, Sie haben uns als Menschen und Persönlichkeiten behandelt und gewürdigt. Das haben wir nicht vergessen. Ein Wort von Ihnen, und wir wären für immer verschwunden. Wir werden Sie hier rausholen – unter großem persönlichen Risiko!"

Vater ist fassungslos vor Angst und Freude. Wie soll das Unmögliche klappen?

Eine unglaublich dramatische Flucht beginnt. Die Antifaschisten beschaffen sich den Auftrag, mit einem Laster irgendwo Kartoffeln zu holen. Der Vater wird unter Säcken versteckt, ohne Kontrolle kommen sie aus dem Lager. Dann die Fahrt nach Breslau.

„Wohin sollen wir Sie bringen?" fragen ihn die Männer.

„In die Werderstraße, dort ist das Haus meines Vaters", antwortet er, „gegenüber der Universität, ein großes Mietshaus. Ob es noch steht, weiß ich nicht."

„Gut, wir fahren dorthin."

So geschieht es. Das Haus steht als eines der letzten in der Straße. Die Männer bringen Vater blitzschnell hinein. Da sind noch Deutsche. Die große Ausweisung und Vertreibung kommt noch! Die Männer geben Vater Zivilkleidung, Zlotys und etwas Verpflegung. „Mehr können wir für Sie nicht tun. Hüten Sie sich auf Ihrer weiteren Flucht vor den Polen, die sind schlimmer als die Russen", sind ihre Abschiedsworte. Alle drücken sich die Hände mit gegenseitigem Dank.

Ist das Fügung, Segen des Allmächtigen oder einfach ausgleichender Dank für gute Taten?

Ich glaube daran, daß Gutes das Gute nach sich zieht wie Böses das Böse.

Das nächste Wunder: Das Hausmeister-Ehepaar Henschel, mit dem mein Vater ein besonderes Vertrauensverhältnis hatte, lebt noch in seiner Wohnung. Große Freude und Erleichterung. „Jetzt müssen Sie sich erstmal richtig ausruhen und erholen, hier sind Sie sicher", sagt Frau Henschel. Ihr Mann nickt. Einige Tage später. Vater beschließt – gegen den Protest der beiden – zu Fuß – wie auch sonst? – nach Goldschmieden zu gehen, wo sich unser Wohnhaus befindet. Von der Innenstadt bis zum Flughafen im Westen sind es zwölf, von dort nach Goldschmieden noch einmal sechs Kilometer! „Das können Sie niemals bewältigen, überall lauern die marodierenden Polen!"

Herr Henschel ringt die Hände. Vater, überdies völlig unterernährt, will es, wagt es!

Was für ein Marsch! Die Anspannung, die lange Strecke nur durch Trümmer, hin und wieder ein Haus. Hier im Westen hatte es erbitterte Kämpfe gegeben, da der Flughafen immer wieder freigekämpft wurde und die Russen ihre Hauptstoßrichtung hierher führten. Das ist die Apokalypse, aber der Vater schafft es. Die kleinen Vororte sind nicht zerstört, hier wurde nicht gekämpft. Wird unser Haus noch stehen?

Kurz vor der Schömbergerstraße, schon in Sichtweite, zuckt Vater zusammen. Das einzige Haus, das in Trümmern liegt, ist unseres! Warum?

Viel später bei meinem ersten dienstlichen Besuch in Breslau werde ich den Grund erfahren. Ein junger deutscher Soldat hatte sich dort verschanzt und mit Panzerfäusten auf vorbeifahrende russische Panzer geschossen – zwei explodierten. Darauf wurde das Haus natürlich sofort in Schutt und Asche gelegt. Der Tote wurde – von wem weiß man nicht – vor dem Haus begraben. Man fand ihn später, als Polen den Schutt beseitigten und ein Haus auf unserem Grund und Boden bauten. Die Erkennungsmarke wurde dem Roten Kreuz übergeben. So erhielten die Angehörigen wenigstens Gewißheit, wie tragisch das auch ist.

Noch aber ist Vater starr vor Schreck und Trauer. Doch wie ein Symbol steht auf dem Schutthaufen mein Bettgestell. Es ist so ein altmodisches aus Metall und weißer Emaille – Vater nimmt es als ein Zeichen: Der Sohn lebt. Dann macht er sich auf den Rückweg und kommt auch glücklich wieder an in dem Haus seines Vaters. Eine unglaubliche Kraftanstrengung und Leistung für einen Siebenundfünfzigjährigen! Übrigens trägt er einen langen weißen Bart. „Ich sah aus wie Methusalem", wird er später einmal sagen, „ich sah aus wie neunzig."

Nach einigen Tagen der Ruhe faßt Vater den Entschluß, sich durch Schlesien bis nach Görlitz durchzuschlagen.

„Ich muß die Chance nutzen", sagt Vater zu den Henschels, „hier bleibt die Gefahr, daß ich entdeckt und dann endgültig abtransportiert werde."

Glaubt er wirklich an den Erfolg? Ist er tatsächlich überzeugt, eine Strecke von etwa 170 Kilometern zurücklegen zu können, unbeschadet, in diesen Zeiten?

Wieder ein ergreifender Abschied von lieben Menschen. Werden sie sich wiedersehen? Nur vage Hoffnung ...

Etwas Unfaßbares

Der Marsch beginnt, ein siebzehnjähriger Junge schließt sich Vater an. Am Tage verstecken sie sich, da und dort können sie bei einem zurückgebliebenen deutschen Bauern ein wenig ausruhen, etwas essen. In der Dunkelheit laufen, laufen, laufen...

Und dann passiert es – kurz vor Görlitz, vor der Grenze – das Ziel vor Augen! Waren sie zu unvorsichtig geworden? Auf einem Waldweg kommt ihnen ein Jeep mit vier Polen entgegen, hält. Einer steigt aus. Stark alkoholisiert, fuchtelt er wild mit seiner Pistole. In diesem Zustand ist er außerhalb jeglicher Kontrolle, eine äußerst brisante, gefährliche Situation. „Du, Nazi, du Verbrecher, alle Deutschen Nazi, Verbrecher!", flucht er in gebrochenem Deutsch. „Du tot, tot, tot!", schreit er weiter.

Vater blickt zu dem Jungen, denkt: Soll ich mich auf den Polen stürzen? Aber da habe ich keine Chance, da sind ja noch die drei anderen! Aus dem Wagen fliegt eine Schaufel vor die Füße von Vater. Die Geste des Polen: Ein Loch graben! Wofür? Für das eigene Grab? Dramatische Gefahr. Vater beginnt zu graben. Der Pole zündet sich eine Zigarette an, raucht. Er sieht, wie Vater sehnsüchtig verlangend danach blickt. Da wirft er Vater seine Zigarette vor die Füße, bedeutet „Rauchen" und zündet sich eine neue an. Vater raucht, wertvolle Zeit wird gewonnen. Oder ist es die Henkersmahlzeit des Totgeweihten? Da geschieht wieder etwas Unfaßbares. Ein zweiter Wagen, offen, mit Fahrer, kommt heran und hält direkt vor ihnen. Ein offenbar höherer russischer Offizier steigt aus, seine Maschinenpistole im Anschlag, erkennt die Situation blitzschnell und richtig. Er droht dem Polen, ruft ihm mit harter Gestik etwas zu. Der Pole weicht zurück, langsam, dann immer schneller. Der Russe drängt meinen Vater und den Jungen ins Auto, nähert sich in schneller Fahrt der Grenze, überquert sie und hält in der russischen Besatzungszone. „Du guter, alter Mann, du Matka suchen! Du, Junge, Mama suchen", sagt der Russe und fährt fort: „hier Brot, Rubel. Los, los, dawei!"

Vater und der Junge stehen verdattert da. Der Russe steigt in den Wagen und fährt grüßend davon.

Nun ist es an der Zeit, daß sich der alte und der junge Mann trennen. Jeder sucht seinen Weg. Vater irrt weiter herum, er fährt kreuz und quer in überfüllten Zügen. Ohne Geld, wovon er lebt, wird er später nicht mehr wissen. Irgendwie, da und dort stößt er auf mitleidige Menschen. Was ist mit Christian und Anneliese, seinem Sohn und seiner Frau?

Er hat keine Ahnung, wenig Hoffnung. Immer ist er auf der Flucht, auf der Suche – wohin?

19. September 1945: Ein Ei zum Geburtstag!

Eines Tages sitzt Vater in einem alten Waggon. Der Zug fährt auf einer Nebenstrecke durch ländliche Gegend. Neben Vater, der in ein Buch vertieft ist, sitzt eine Bauersfrau mit einem Käfig. Ein Huhn gackert sehr laut, stört den Vater. Er ist unwillig, die Bauersfrau merkt das.

„Ja, das Huhn hat gerade ein Ei gelegt, deswegen gackert es so laut", erklärt die Bäuerin. „Ich schenke Ihnen das Ei." Vater dankt. Ein Ei in diesen Zeiten, das ist schon etwas. Die kleinste Kleinigkeit hilft zum Überleben!

Vater wendet sich nach dieser freundlichen Geste der Frau zu, es ergibt sich ein Dialog.

„Wo kommen Sie denn her?" fragt sie.

„Aus Breslau, ich suche meine Angehörigen, habe aber keine Spur, keine Anhaltspunkte", antwortet Vater. Er sagt es sehr bedrückt.

Nach einer Weile seufzt die Bäuerin: „Ja, ja, die armen Flüchtlinge aus dem Osten. Bei mir wohnt auch eine Flüchtlingsfrau, die jeden Tag um ihre Angehörigen weint. Sie hat heute Geburtstag, da habe ich ihr auch ein Ei geschenkt. Sie wird sich einen kleinen Kuchen backen."

Vater schreckt hoch. „Merkwürdig", sagt er, „meine Frau hat auch heute Geburtstag. Es ist doch der 19. September, nicht wahr?"

Die Frau stutzt.

Vater fragt: „Eine Flüchtlingsfrau aus dem Osten? Woher kommt sie, wie ist ihr Name?"

„Frau Kergel."

Vater ist elektrisiert. „Mit welchem Vornamen?" fragt er gespannt.

„Anneliese", lautet die Antwort.

„Anneliese Kergel! Das ist meine Frau!" jubelt Vater. Zufall? Fügung? Auf jeden Fall ein Segen!

Die Frau nimmt Vater mit nach Einsiedel.

„Aber ich muß Ihre Frau erst vorbereiten auf Sie, auf Ihr Erscheinen, sie könnte sonst einen Schock bekommen", sagt sie verständlicherweise. So geschieht es. Daheim angekommen, sagt sie freundlich zu meiner Mutter: „Liebe Frau Kergel, Sie bekommen Besuch, sehr lieben Besuch, freuen Sie sich."

„Dann ist es mein Sohn Christian, er ist noch ein Junge, vollkommen unbelastet", sprudelt meine Mutter hervor. „Nein, es ist Ihr Mann aus Breslau!" Die Mutter ist vor Freude fassungslos. Für sie ist es ein Wunder, niemals hätte sie zu hoffen gewagt, daß ihr Mann diese Hölle überlebt hat. Vater und Mutter sehen sich an, fallen sich wortlos in die Arme. Nach einer kurzen Weile der Besinnung ist das erste Wort meines Vaters: „Was ist mit Christian?" Achselzucken. „Nichts, nichts, ich weiß nichts. Wir müssen hoffen und beten."

Nun beginnt der gemeinsame Kampf um das weitere Überleben. Meine Eltern kommen mit einem Flüchtlingstransport Anfang 1946 von Erfurt nach Helzendorf bei Hoya in Niedersachsen und erleben eine schwere Zeit als Flüchtlinge. Im Mai 1946 erfahren sie über den Suchdienst des Internationalen Roten Kreuzes, daß ich lebe. Nach meiner Entlassung im Oktober 1948 sind wir endlich wieder vereint und beginnen eine harte Aufbauarbeit und ein zweites glückliches Familienleben mit der Übersiedlung nach Goslar im Harz. Die tausendjährige unzerstörte Stadt Goslar, seit 1992 UNESCO-Weltkulturerbe, wird unsere zweite Heimat.

Mein Vater beginnt nach jahrelanger Stellungslosigkeit eine Tätigkeit am Gymnasium und an anderen pädagogischen Institutionen und Lehranstalten. Der Höhepunkt seines erfüllten Lebens und Wirkens als Wissenschaftler und Pädagoge ist seine Lehrtätigkeit im hohen Alter. Er unterrich-

*Das Foto zeigt meinen
Vater Dr. Wilhelm Kergel
im Alter von 85 Jahren
in Goslar.*

tet von 1962 bis 1967 am Heidelberg College, der ältesten Privatschule mit Internat von Baden-Württemberg, am Neckar gelegen, mit Blick auf die Alte Brücke und das Schloß. Er vermittelt nicht nur Wissen, sondern auch Maßstäbe und Werte für das Leben. Daß er viele Jahre nach seiner Pensionierung so viel wie möglich von seinem umfangreichen Wissen weitergeben und vermitteln möchte, ist sicher auch einem tiefen Gefühl der Dankbarkeit für die segensreiche Rettung seiner Familie geschuldet. Obendrein ist da die Freude einer ganz besonderen Vater-Sohn-Beziehung. Wir beide unterrichten lange Zeit am gleichen Gymnasium. Erst mit 79 Jahren tritt er endgültig ab und verlebt bis zu seinem 97. Lebensjahr noch eine gute Zeit in seinem Haus in Goslar.

*(Weitere **ZEITGUT**-Beiträge dieses Autors sind am Buchende vermerkt.)*

[Auxonne bei Dijon, Frankreich – Duisburg,
Nordrhein-Westfalen;
1944/45 – 1967]

Raymonde Prior

Das Glück trägt einen Namen

„Herr Prior, bitte!" Die schrille Stimme der Sprechstundenhilfe holte mich in die Realität zurück. Ich hatte gerade in einer dieser Zeitschriften geblättert, von denen man gerne behauptet, sie nur beim Arzt oder Friseur zu lesen. „Herr Prior!", klang es nun zum zweiten Mal, schon etwas ungeduldiger. Nachdem kein Herr aufgestanden war und ich nun doch sicher war, wirklich „Prior" verstanden zu haben, wurde mir klar, daß die Dame in Weiß mich meinen mußte. „Ja", brummte ich, griff nach meiner Tasche und stand auf. Das Wartezimmer war bis auf den letzten Platz besetzt. Während ich mich erhob, ließen blitzartig alle Patienten ihre Lektüre sinken und starrten mich an – irritiert, manche grinsend, denn ich war unübersehbar ein weibliches Wesen. Auf dem Weg zum Behandlungszimmer spürte ich geradezu die fragenden Blicke im Rücken: Steckte in dieser angeblich fraulichen Person vielleicht doch ein Mann? Hatte nicht gerade noch ein Bericht über die Geschlechtsumwandlung einer bekannten Sängerin, Pardon, eines Sängers, in einer dieser Klatschzeitungen gestanden?

Die verdutzte Sprechstundenhilfe studierte ihre Aufzeichnungen: „*Herr* Prior?"

„Nein – Raymonde ist ein weiblicher Vorname!"

„Ach so", kam es erleichtert zurück und ein „Entschuldigung" hinterher. Kein Problem – das kannte ich schon, und es war für mich immer wieder ein Erlebnis, irritierte Mitmenschen in Warteräumen zurückzulassen. Da auch meine Post meist an einen Herrn adressiert ist, habe ich mitunter sogar Probleme, Einschreibebriefe oder Pakete von ungläubigen Postboten ausgehändigt zu bekommen: „Sind Sie *Herr* Prior?" Dabei kann ich doch eigentlich stolz auf diesen seltenen Namen sein. „Nein – ich bin keine Französin", muß ich diejenigen enttäuschen, die ahnen, daß Raymonde aus dem Französischen kommt. Aber warum trage ich dann diesen außergewöhnlichen Namen?

Bei uns und in anderen Ländern ist er ja tatsächlich als Raimund, Raimondo, Raymond und so weiter nur für männliche Artgenossen vorgesehen. Und selbst in Frankreich kommt er heute als Frauenname eher selten vor. Welches Geheimnis steckt also hinter meinem Vornamen?

Mit Frankreich hat meine Namensgebung tatsächlich zu tun. Gehen wir zurück in die Zeit des Zweiten Weltkrieges.

Mein Vater Hans, 1912 geboren und am 20. Juli 1942 zur Luftwaffe nach Dreux in Frankreich eingezogen, geriet am 1. Mai 1945 in Kriegsgefangenschaft, die ihn, eingepfercht in Viehwaggons, über Straßburg, Paris und Le Mans im Februar 1946 letztendlich nach Auxonne führte. Das war ein kleiner ländlicher Ort, nicht weit von Dijon, der Stadt, die heute für den berühmten „Cassis", für Burgunderwein und den würzigen Dijon-Senf steht. Doch damals hatten die Gefangenen andere Sorgen. Immer wieder erzählte mein Vater, wie er mit vielen seiner Leidensgenossen in dieser schrecklichen Zeit der französischen Kriegsgefangenschaft um sein Leben bangen mußte, denn was hatte Deutschland den Franzosen angetan! Wie groß waren Wut und Haß auf die Männer, die nun für Deutschland standen!

In den Lagern drohte ihnen der Hungertod. Mein Vater hatte deutsche Mithäftlinge sterben sehen. Auch er war elendig abgemagert. Sein sowieso schon schlanker und von Gra-

Mein Vater, der Obergefreite Hans Prior, wurde am 20. Juli 1942 zur Luftwaffe in Dreux, Frankreich, zirka 80 km westlich von Paris, eingezogen. Das Bild wurde im März 1943 bei seinem zweiwöchigem Heimaturlaub in Duisburg aufgenommen.

natsplittern getroffener Körper zeigte wegen des Nahrungsmangels bereits Wassereinlagerungen in den Beinen. Hatte er den fürchterlichen Krieg bis jetzt überstanden, um nun hier in Frankreich zu sterben? Gab es für ihn noch einen Gott, der ihm in dieser Ausweglosigkeit half, einen Gott, an den er doch eigentlich früher immer geglaubt hatte?

In Auxonne lebten viele Einwohner von der Landwirtschaft. Hier wurde jede Arbeitskraft gebraucht. Die Bauern hatten alle Hände voll zu tun. So auch das junge Ehepaar Robert und Raymonde Joly, damals 30 und 24 Jahre jung, das einen großen Hof und weite Felder bewirtschaftete. Unter anderem mußten gerade „Pommes de terre" gesetzt werden: Kartoffeln. Es gab die Möglichkeit, Männer aus dem

Gefangenenlager für freie Kost und Logis auf dem Feld arbeiten zu lassen. Die Jolys suchten sich ausgerechnet meinen fast gleichaltrigen Vater aus, ihnen bei der Feldarbeit zu helfen. Sie holten ihn im April 1946 aus dem Lager und nahmen ihn bei sich auf. So retteten die beiden den Gefangenen Hans gerade noch rechtzeitig vor dem Verhungern. Er konnte sein unglaubliches Glück kaum fassen. Es gab also doch noch einen Gott für ihn in dieser eigentlich ausweglosen Situation, einen Gott in Frankreich!

Mehr noch, neben der Verpflegung boten ihm seine Lebensretter eine Gastfreundschaft, die er nie wieder vergessen konnte. Jean, wie mein Vater nun genannt wurde, hatte ein Zuhause in Frankreich gefunden, französische Freunde – und das in diesen Kriegszeiten! Das Wort „vivre", also „leben", bekam für ihn eine besondere Bedeutung. Er lernte die Sprache, obendrein die Liebenswürdigkeit und Gastfreundschaft vieler Franzosen kennen, die ihn unterstützten, wo sie nur konnten. Mein Vater durfte sogar seinem Talent nachgehen und unter anderem am Theater Dijon als Spielleiter und Opernsänger agieren! So begeisterte er, der Kriegsgefangene, auf der Bühne als Bariton zum Beispiel in „Turandot" und „Carmen" deutsche Mithäftlinge genauso wie das französische Publikum. Noch heute besitze ich die alte Schellack-Platte mit den Tonaufzeichnungen dieser Aufführung. Aus dem Alptraum wurde ein Traum!

Als er sich dann auch noch heimlich die hübsche Frau Joly verliebte, war es Zeit, daß der Krieg endlich zu Ende ging und er nach Hause, in seine Heimatstadt Duisburg, zurückkehren konnte. Besser gesagt, in das, was nach den Bombardierungen noch von ihr übriggeblieben war. Am 27. Juni 1948 wurde er von seiner überglücklichen Mutter am Duisburger Hauptbahnhof endlich wieder in die Arme geschlossen. Ein großes Stück seines Herzens ließ er jedoch in Frankreich zurück, bei den Jolys und all den anderen Franzosen, die er in der dreijährigen Kriegsgefangenschaft kennengelernt und liebgewon-

Das Theater in Dijon, in dem mein Vater Hans Prior während seiner französichen Kriegsgefangenschaft von November 1947 bis Mai 1948 als Spielleiter und Opernsänger auf der Bühne stehen durfte. In der Oper „Turandot", aufgeführt vom 25. bis 31. Dezember 1947, ist er in der Bariton-Rolle des „Kalaf" ganz rechts im Bild zu sehen.

„Heute erhielt ich endlich ein Lebenszeichen von Dir, das einzige seit bald einem Jahr. Wie haben wir uns alle gefreut ..." Postkarte seiner Mutter Käthe Prior (1883 – 1954) an den Kriegsgefangenen Hans Prior nach Fankreich (gestempelt in Duisburg am 6. Januar 1946, erhalten am 4. Februar 1946).

nen hatte. Frankreich blieb er auf immer von ganzem Herzen verbunden. Natürlich besuchte er viele Jahre später mit seiner Frau und auch mit mir das Land, in dessen Sprache er sogar noch lange geträumt hatte, wie er uns oft erzählte. 1949 waren er und Hildegard, meine künftige Mutter, vor den Traualtar getreten. Als ich 1955 geboren wurde, erhielt ich den Namen seiner Lebensretterin. Wie dieser französische Engel hieß, ist nun sicher leicht zu erraten: Raymonde. Spektakulär und mutig, in den fünfziger Jahren solch einen exotischen Namen zu wählen, lange vor all den Nicoles und

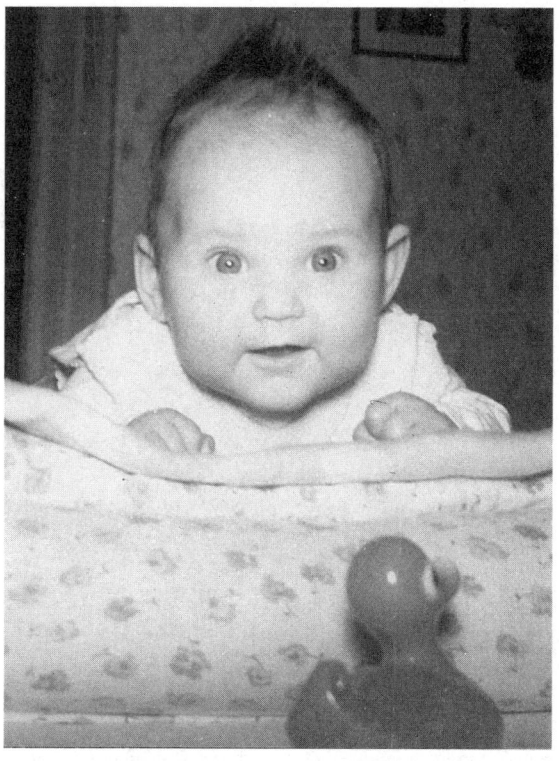

Das Glück trägt einen Namen: Raymonde, geboren am 8. Januar 1955 in Duisburg. Hier fast fünf Monate jung.

Denises! Noch heute bin ich dem Duisburger Standesamt dankbar, das den ungewöhnlichen Namen akzeptiert hat. Und wie habe ich später meine Söhne genannt? Natürlich gaben wir ihnen auch französische Vornamen: Jerome (1991) und Joel (1998).

Im Sommer 1967 besuchte ich mit meinen Eltern sogar meine Namensgeberin Raymonde Joly und ihre Mutter Madame Seuret. Ihr Mann Robert war leider zwei Jahre zuvor tödlich verunglückt. Es war für uns alle ein sehr aufregendes und bewegendes Treffen, das ich nie vergessen werde und das meine Mutter hier im Bild festgehalten hat. Bei der Gelegenheit zeigte uns mein Vater die Stätten, die ihm

Eine aufregende, wunderbare Begegnung im Sommer 1967 in Auxonne in Frankreich: von links: Hans Prior, Raymonde Joly, ihre Mutter, Madame Seuret, und ich, Raymonde Prior, 12 Jahre alt.

aus der Kriegszeit noch so vertraut waren und intensive Gefühle in ihm wachriefen, wie jene Straße in Auxonne, die nun „Rue du 8 Mai 1945" heißt.

Inzwischen leben meine Eltern leider nicht mehr, aber ich hatte noch Jahre nach 1986, dem Todesjahr meines Vaters, brieflichen Kontakt zu dieser wunderbaren Frau, der ich mein Leben verdanke, weil sie und ihr Mann das meines Vaters einst retteten. Natürlich war sie glücklich darüber, daß ich ihren Namen erhielt – wie auch ich besonders froh über die außergewöhnliche Schicksalsfügung bin, die dem voraus ging. So trage ich diesen seltenen, für mich so bedeutsamen Vornamen mit Stolz und Würde – auch, wenn ich damit für Überraschung sorge. Wer weiß schon, daß es ein echter Frauenname ist und kennt den kleinen Unterschied, der in dem Buchstaben „e" steckt?

Der verrät im Französischen das Geschlecht der Namenträgerin. Ohne „e" am Ende ist es ein männlicher Vorname, mit „e" ein weiblicher.

Eine folgenreiche Auswirkung hatte mein Name für mich in der Schule. Meine Französischlehrerin und auch mein Musiklehrer liebten es, meinen Namen sehr melodisch auszusprechen. So kam ich, die nicht immer sehr aufmerksame Schülerin, oft dran und war sicher, daß keine andere Raymonde gemeint sein konnte – leider!

Doch was waren diese kleinen Alltäglichkeiten gegen die ganz besondere Bedeutung, die mein außergewöhnlicher Name für mich hat mit seinem Geheimnis, das nun nicht mehr mir allein gehört. Manchmal ist es eben wichtig im Leben, *Prior*itäten zu setzen...

Da fällt mir gerade ein: Ich müßte eigentlich mal wieder zum Augenarzt. Schon jetzt lächle ich amüsiert, wenn ich mir vorstelle, wie es dort wieder heißen wird: „Herr Prior bitte!"

*(Weitere **ZEITGUT**-Beiträge dieser Autorin sind im Autorenverzeichnis am Ende des Buches vermerkt.)*

[Obersendling, Stadtteil von München, Bayern –
Weilheim – Farchant – Garmisch, Oberbayern;
1945]

Hildegard Pflügler

In der Sperrzeit unterwegs

Einmal Garmisch und zurück

1945 war ich 17 Jahre alt. Lehrerin wollte ich gern werden,
aber der Krieg hatte verhindert, daß ich meine Ausbildung in
Polling weiterführen konnte. Zunächst noch von einem Ort
zum anderen verlegt, mußte die Lehrerbildungsanstalt dann
doch schließen und ihre Schülerinnen nach Hause schicken.
Mein wertvolles Federbett und einige andere kleine Besitztü-
mer hatte ich in Garmisch, der letzten Station unserer Schul-
Odyssee, zurücklassen müssen, als ich mich mit einer Freun-
din auf den Weg nach unserer Heimatstadt München machte.
Schon Anfang Juni 1945 wollte meine Mutter unbedingt das
Federbett mit den anderen restlichen Sachen aus Garmisch
holen. „Die werfen es sonst weg oder schenken es her", war
ihr Kommentar. Doch wie sollte diese Reise vor sich gehen?
Die Sperrzone von zehn Kilometern rund um München
sollte eingehalten werden. Für viele andere Orte existierten
ebenfalls Sperrzonen, über die hinaus oder herein niemand
passieren durfte. Dazu kamen die Sperrzeiten, 18 Uhr be-
ginnend und die ganze Nacht andauernd, in denen es der
Bevölkerung untersagt war, sich außerhalb ihrer Wohnungen aufzuhalten. Selbst wenn wir das alles ignorierten – wo-
mit sollten wir fahren?
Personenzüge verkehrten noch nicht. Für einen Milchzug
brauchte man die Genehmigung der Militärregierung – die

*Auf diesem Foto
bin ich 17 Jahre alt.
Es wurde 1944/45
gemacht.*

wir nicht bekamen, weil unser Motiv zu banal war. Da erfuhr meine Mutter, daß vom Kreuzhof in Obersendling täglich Lastautos in alle Richtungen ausströmten und manchmal jemanden mitnahmen. „Wir müssen das probieren", erklärte sie. Sie wußte nicht, auf welches Abenteuer und welche Strapazen wir uns einließen. Eines Morgens wanderten wir, nur mit dem Nötigsten bepackt, um sechs Uhr los zum Kreuzhof. Unser Plus: Das Wetter war schön! Doch die Autos, die dort vorfuhren, gaben alle möglichen Ziele an, nur nicht Garmisch. Außer uns suchten hier viele Leute eine Mitfahrgelegenheit.

Endlich kam ein kleiner Laster, dessen Ziel Weilheim war. Der Fahrer hatte eine Liste und las die Namen seiner Mitfahrer, lauter Kriegsheimkehrer, vor. Bis die alle eingestiegen waren, war es neun Uhr vormittags! Wir hatten geduldig gewartet und ersuchten nun den Fahrer, uns mitzunehmen. Er schlug die Bitte aus und behauptete, es sei kein Platz mehr. Als das die ehemaligen Soldaten hörten, rief einer von ihnen: „Die zwei schönen, dünnen Mädchen passen doch auch noch rein!" Sie halfen uns beim Klettern auf die Ladefläche, und es ging los. Weil wir stehen mußten, waren wir ein paarmal nahe daran umzufallen. Unser Gefährt hielt bis Weilheim noch zweimal und lud erneut Soldaten ein. Es wurde ganz schön eng! Ich stand das letzte Stück nur auf einem Bein. Umfallen konnte ich nicht mehr, ich war eingezwängt. Endlich, nach zwei Stunden, stiegen wir in Weilheim aus. Wir reckten unsere Glieder und schauten uns um. Was nun?

Es war 10.30 Uhr. Von einem der Soldaten bekamen wir den Rat, zum Bahnhof zu gehen. „Vielleicht könnt ihr mit einem kleinen Schienenfahrzeug mitfahren", meinte er.

Dem war leider nicht so. Doch das Bahnpersonal, das wir antrafen, riet uns zu einem Trick: Wir sollten unseren Weg direkt die Gleise entlang nehmen und uns als Streckengeher ausgeben, falls wir angehalten würden. Damit das glaubwürdig aussah, bekamen wir von den Leuten sogar Jacken von Bahnarbeitern und Werkzeug. „So kommt ihr sicher am weitesten, denn auf den Straßen steht an allen Sperrzonengrenzen Militärpolizei", klärten sie uns auf. Nun turnten wir also von Bahnschwelle zu Bahnschwelle und kamen auf diese Weise unbehelligt bis Farchant. Es war 17.30 Uhr – nur noch anderthalb Stunden, bis auch hier die Sperrzeit begann. Wir waren hundemüde und erschöpft. Das Gehen auf den Schwellen ist sehr anstrengend, wenn eine solch lange Strecke von etwa 40 Kilometern zurückgelegt wird. Das wollten wir uns nicht weiter zumuten, sondern uns lieber auf die Landstraße wagen. Wir fragten einen Bahnbediensteten, was er dazu meine.

„Ihr müßtet noch durch zwei Absperrungen bis Garmisch", sagte er, „aber wenn ihr Englisch könnt, dann sagt einfach, bei jeder, ihr wollt nur im nächsten Ort einen Krankenbesuch machen."

Es klappte! Endlich, Punkt 19 Uhr, erreichten wir die Wirtschaft, in der ich meine Sachen auf dem Speicher zurückgelassen hatte. Sie waren alle noch vorhanden. Wir bekamen eine Schlafgelegenheit im Heu und sogar eine warme Suppe, weil wir der Wirtin leid taten. „Ja liabe Leit", sagte sie, „wia wollt's denn ihr wieda hoamkemma?"

Ein Gast hörte diese Worte und beriet uns: „Sie müssen bei der Militärregierung den Antrag stellen, mit einem Milchzug heimfahren zu können." Am nächsten Tag versuchten wir das. Doch die Abteilung, die dafür zuständig war, hatte erst am übernächsten Tag wieder Sprechstunde. Wir erschienen dort pünktlich um neun Uhr, mußten aber bis zwölf Uhr in der Schlange warten. Es war eine deutsch sprechende Frau, die uns nach allen Regeln der Kunst ausfragte und schließlich schimpfte: „Wissen Sie eigentlich, daß Sie gegen eine ganze Menge Verordnungen verstoßen haben? Eigentlich müßte ich Sie in Gewahrsam nehmen."

Doch wir hatten Glück, sie ließ Gnade vor Recht ergehen und stellte uns einen „Passagierschein" aus.

Am Abend wollte meine Mutter für unsere Übernachtung bezahlen, doch das lehnte die freundliche Wirtin ab. Am anderen Morgen klingelte der Wecker um drei Uhr, denn um vier fuhr der Zug. Wir schleppten unsere Koffer und Pakete zum Bahnhof. Dort zeigten wir unsere Passagierscheine vor und bekamen einen Güterwagen zugewiesen. Dieser füllte sich während der Fahrt mit vielen Milchkannen. So hatten wir wenigstens eine Sitzgelegenheit. Das Halten bei jeder Milchstation, manchmal sogar auf freier Strecke, und das Verladen der Kannen nahm so viel Zeit in Anspruch, daß wir erst um neun Uhr in München ankamen. Die Straßenbahn, die Gott sei Dank seit zwei Wochen wieder fuhr, brachte uns nach Obersendling. Um zehn Uhr waren wir endlich daheim. Wir hatten es geschafft, und wir waren geschafft. Nach einer kleinen Brotzeit legten wir uns ins Bett und schliefen fast bis zum nächsten Tag durch.

Mit einer Tüte Brotabfälle durch die Nacht

Im Juli 1945 fragte mich plötzlich meine frühere Spielgefährtin aus unserem Haus, ob ich nicht bei den Amerikanern arbeiten wolle. Sie war schon länger bei ihnen in einem Büro tätig. „Bei der Stelle, die ich weiß, bekommst du auch was zu essen!" redete sie mir zu. Ich war natürlich sofort einverstanden. Gleich am nächsten Morgen stellte ich mich bei Miss Locke vor. Sie trug eine blaue Uniform und befehligte jetzt das ehemalige Künstlerhaus. Das Haus, in dem sich früher Künstler trafen, war nun für das Essen des amerikanischen Militärs zuständig.

Ich wurde dem Küchenchef vorgestellt. Er war Deutscher, wie auch das andere Personal. Ich schnitt Tag für Tag und Stunde um Stunde weiße Brotwecken mit der Brotmaschine auf, bestrich und belegte sie. Eine eintönige Arbeit, aber ich bekam mittags ein warmes Essen und durfte bei den Happen, die ich herstellte, zugreifen. Wenn ich abends nach Hause aufbrach, durfte ich mit Erlaubnis von Miss Locke eine große Tüte Brotabfälle mitnehmen. Das war nicht etwa Verdorbenes, sondern gute, frische Reste, die es gab, weil das Brot so weich war. Dem Hunger war ein Ende gesetzt!

Nach einiger Zeit war die Stelle einer Bedienung frei. Miss Locke fragte mich, ob ich sie wolle. Sie wußte von meinen Englischkenntnissen. Ich vergewisserte mich, ob ich auch dann noch Brotabfälle mit heimnehmen dürfe, und sie sagte zu. So wurde ich „angelernte Bedienungskraft" und bekam ein Mittag- und ein Abendessen. Ich mußte aber oftmals bis 23 Uhr arbeiten, die Küchenkräfte übrigens auch. Von zehn Uhr an war das schon eine lange Zeit. Allerdings kamen die amerikanischen Soldaten erst ab zwölf Uhr zum Essen.

Schlimm war der Heimweg. So spät fuhr keine Straßenbahn mehr, wir hatten ja die „Sperrzeit". Von 19 Uhr bis sechs Uhr morgens durfte niemand auf die Straße, das hätte eine Strafe nach sich gezogen. Als Arbeitskraft der Amerikaner hatte ich natürlich einen Ausweis, der mir nächtliche Wege gestattete. So ging ich mutterseelenallein jeden Abend bis Obersendling. Ein Fahrrad besaß ich nicht. Fast kein Mensch begegnete mir. Selten fuhr ein Auto an mir vorbei. Nur die Militärpolizei drehte ihre Runden. Ich muß zugeben, ich fürchtete mich. Einige Male nahm mich der Kochlehrling auf seinem Fahrrad mit. Er wohnte in Mittersendling. Ich hatte trotzdem noch ein schönes Stück Weg. Deshalb brachte er mich – wenn er nicht zu müde war – auch noch das restliche Stück nach Hause.

Eines Nachts erlebten wir etwas Schreckliches: Als wir in Mittersendling an den Heimgärten, in denen wegen des Wohnungsmangels viele Leute wohnten, vorbeiradelten, hörten wir plötzlich lautes Geschrei und dann einen Schuß. Wir beschleunigten unsere Fahrt so gut es ging, wir wollten ja nicht verletzt werden. Am nächsten Tag erfuhren wir, daß

Miss Locke steht in ihrer blauen Uniform vor dem ehemaligen Münchener Künstlerhaus, in dem nach Kriegsende die amerikanischen Militärs speisten.

ein Kleingärtner angeschossen worden war, weil er seine Habseligkeiten verteidigt hatte. Alle Tage passierten solche Übergriffe, wobei Wäsche, Kleidung, Fahrräder, Schmuck und Lebensmittel gestohlen wurden.

Schließlich kamen wir auf eine Idee: Wir könnten doch im Künstlerhaus übernachten! Wir fragten nach und durften es. Jeder bekam einen großen Raum zugewiesen, in dem an den Wänden Lederbänke standen. Ich nahm mir von daheim eine Wolldecke und ein kleines Kissen mit. Das genügte, denn es war geheizt. Ich kam jetzt nur noch an meinem freien Tag heim. Aber das war meiner Mutter dennoch lieber, denn sie hatte zuvor jeden Abend große Angst um mich gehabt. Nun war sie erleichtert, daß meine Nachttouren während der Sperrzeit ein Ende hatten – ein junges Mädchen, oft ganz allein!

Wo ist Mutter?

Meine Mutter arbeitete zu dieser Zeit als Küchenhilfe in einer Bahnkantine. Darüber war sie froh, weil sie mittags etwas zu essen bekam. Allerdings mußte sie am Morgen mit ihrem Fahrrad noch vor Ende der Sperrzeit aus dem Haus. Zurück kehrte sie gewöhnlich um drei Uhr nachmittags.

Eines Tages kam ich um sieben Uhr abends heim. Wegen der Sperrzeit durfte ich früher Feierabend machen. Am nächsten Tag hatte ich frei. Ich nahm an, meine Mutter wäre schon zu Hause, doch ich täuschte mich sehr. Sie hatte auch keinen Zettel mit einer Nachricht hinterlassen. Was war los?

Zuerst dachte ich, sie sei bei einer Nachbarin. Aber als sie um 22 Uhr immer noch nicht heimgekehrt war, machte ich mir Sorgen. Ich fragte sämtliche in frage kommenden Leute. Trotz Sperrzeit forschte ich sogar ein paar Häuser weiter nach ihr, hatte aber nirgends Erfolg.

Als Mutter am nächsten Vormittag immer noch nicht eintraf, fuhr ich mit der Straßenbahn zu ihrer Arbeitsstelle und fragte dort nach ihr. Doch auch hier wußten sie nichts und hatten sich schon am Morgen zuvor gewundert, weil sie nicht erschienen war. Sie fehlte bereits den zweiten Tag. Eine Küchenhilfe mutmaßte: „Vielleicht ist sie überfallen worden – wie neulich Frau Meier – und liegt jetzt im Krankenhaus?" Ich fuhr niedergeschlagen heim und wälzte alle möglichen Gedanken: Ist meine Mutter schwerverletzt? Ist sie vergewaltigt worden oder gar tot? Soll ich die Krankenhäuser abklappern oder soll ich zur Polizei gehen?

Schließlich entschloß ich mich zu letzterem. Im zuständigen Polizeirevier erzählte ich, was ich wußte und wurde sofort nach dem Ausweis für die Sperrzeit gefragt. Weil ich versicherte, daß meine Mutter diesen ganz sicher dabei habe, waren auch die Polizisten ratlos. Sie schauten aber doch in ihre Akten und sagten mir, daß am Tag zuvor eine Frau von der Militärpolizei aufgegriffen und ins Frauengefängnis gebracht worden war. Als der Polizist ihren Nachnamen nannte, wußte ich sofort: Das war meine Mutter! Gott sei Dank! Im Gefängnis ist es sicher nicht schön, aber sie war am Leben und nicht krank oder schwerverletzt. Es stellte sich nur die Frage: Warum war sie inhaftiert worden?

Plötzlich hatte ein Polizist eine Idee: Vielleicht konnte sie keinen Personalausweis vorzeigen?

Das war gut möglich. Sicher hatte sie ihn am letzten Sonntag in ihrer Sonntagstasche gelassen! „Dann bringen sie ihn schnellstens her und wir bringen ihnen hernach ihre Mutter", erfuhr ich. Und so war es dann. Ich fand daheim den Ausweis und brachte ihn zum Polizeirevier. Bald nach meiner Heimkunft tauchte auch meine Mutter auf, samt Fahrrad lieferten sie die Polizisten vor unserem Haus ab. – Ohne Personalausweis hätte jede Frau einen gestohlenen Sperrzeitausweis benutzen und dann zum Beispiel einen Einbruch verüben können. Die Amerikaner waren vorsorglich sehr genau.

Nun war es abends, mein freier Tag ging nun doch noch glücklich zu Ende. Meine Mutter hatte zwei Tage im Gefängnis zugebracht – und das alles nur wegen der Sperrzeit!

[Wittenberge/Elbe, Brandenburg – Berlin-Neukölln;
1945 /1950er Jahre]

Irmgard Wobst

Schutzengel

Ich bin jetzt 91 Jahre alt und habe in meinem langen Leben
manch brenzliche Situation überstanden. Bei Gefahren denkt
man ja zumeist an auswärtige, aber sie lauern auch im Haushalt. Von zwei Schrecksekunden möchte ich hier berichten.

Die Gaslampe

Nach Kriegsende lebte ich mit meinen zwei kleinen Kindern
in meiner Heimatstadt Wittenberge in der Wohnung meiner
Mutter. Die Versorgung in der Stadt war unter den russischen Besatzern chaotisch. Jeden Tag war von 22 Uhr bis
morgens um fünf Uhr Stromsperre. In Berlin, wo ich zuvor
wohnte, waren gegen Kriegsende die Fliegerangriffe immer
häufiger geworden, deshalb hatte meine Mutter gemeint, es
wäre besser, der Kinder wegen nach Hause zu kommen. Ich
ahnte nicht, was mich dort erwartete: eine Gaslampe und
ein Gaskocher. In meiner Berliner Wohnung war alles einfa-
cher, dort gab es elektrisches Licht und einen Elektroherd.
Mit Gasherden kannte ich mich nicht so gut aus. Als ich eines Nachts mit meinen Kindern allein in der Wohnung war,
hörte ich trotz meines guten Schlafes ein merkwürdiges Geräusch und taumelte aus dem Bett. Ich glaube, es war mein
„Schutzengel", der mich aufgeweckt hatte. Ich merkte so-
gleich, daß es nach Gas roch. „Hatte ich vor dem Zubettge-
hen den Hebel der Gaslampe nicht richtig ausgemacht? Nur

schnell das Gas abdrehen!", schoß es mir durch den Kopf. Die beiden Kinderbetten standen nämlich ganz in der Nähe. Ob die Kinder noch atmeten? Vor Aufregung bekam ich Herzklopfen. Rasch tastete ich mich im Dunkeln durch den Raum und öffnete die Fenster, damit der Gasgeruch hinauszog. Nur keine Kerze mit dem Streichholz anzuzünden! Das wäre das Ende gewesen und es hätte eine Explosion gegeben. Gott sei Dank, die Kinder atmeten normal und schliefen seelenruhig. Der „rettende Engel" kam zur rechten Zeit und hatte uns drei beschützt, ich danke ihm dafür.

Das Mißgeschick

In den 1950er Jahren gab es zwar schon welche, aber nur wenige Haushalte konnten sich eine der ersten Waschmaschinen leisten. Die Wäsche mußte zumeist noch per Hand in einer Waschküche gewaschen werden. Das war eine mühsame, aufwendige Arbeit. Wir wohnten damals wieder in Berlin-Neukölln, in einer Wohnung in der vierten Etage. Unter dem Dach befanden sich die Waschküche und der Trockenboden. Für deren Benutzung gab es eine Liste, in die man sich einschreiben mußte. Am Abend zuvor holte man sich den Schlüssel vom Hauswart oder Vorgänger. Die Feuerung – Kohlen und Holz – mußte vom Keller heraufgetragen werden. Damit wurde der aus Steinen gemauerte Herd mit großem Kessel geheizt, in dem die Wäsche gekocht wurde. Fürs Einweichen über Nacht und fürs Spülen in kaltem Wasser wurden viele Zinkwannen, außerdem „Siel" und natürlich ein Waschbrett benötigt. Da nur alle vier Wochen gewaschen wurde, hatte sich viel angesammelt. Es brauchte seine Zeit, bis die Wäsche auf dem Waschbrett sauber gerubbelt war. Davon und vom ständigen Wechsel in heißes und kaltes Wasser wurde die Haut an den Fingern ganz schrumpelig. Und immer wieder mußten die schweren Wäschestücke zwischen den einzelnen Arbeitsschritten von Hand ausgewrungen werden.

Der Wäschestampfer mit langem Holzstiel wurde benutzt, wenn es im Kessel kräftig brodelte und die Wäsche kochte. Dann war die ganze Waschküche in einen dicken Nebeldampf gehüllt. Und los ging es mit dem Stampfen! Meine Arme sind recht kurz, auch bin ich nicht sehr groß, und man brauchte viel Kraft dafür. Da hatte ich eine Idee: Wenn ich mich oben auf die Ummauerung des Herdes stellte, funktioniert das Wäschestampfen leichter. Das Raufsteigen war kein Problem für mich, aber beim Heruntersteigen passierte es: Mein enger Rock unter der Gummischürze behinderte den Schritt hinunter, so daß ich den Boden nicht erreichte. Daraufhin fiel ich rückwärts mit dem Wäschestampfer in der Hand auf den Steinfußboden lang hin und schlug mit dem Kopf auf. Das war eine Schrecksekunde meines Lebens!

Noch ganz benommen stand ich auf. Die Knochen waren heil, es tat nichts weh – und ich war auch nicht in die heiße Waschlauge gefallen. Welch Glück! Meine Familie hätte nichts gemerkt, wenn ich längere Zeit fort gewesen wäre. Ein Schutzengel hat mich davor bewahrt. So habe ich weitergemacht, die Wäsche aufgehangen und meinen Waschtag beendet, als wäre nichts Besonderes vorgefallen. Nur eine Beule am Kopf erinnerte mich noch wochenlang an mein Mißgeschick.

(Weitere **ZEITGUT-***Beiträge der Autorin sind am Buchende vermerkt.)*

[Münster – Albersloh, Nordrhein-Westfalen; Herbst 1945]

Liesel Hünichen

Fünf Säcke voll Kohlen...

...waren 1945 etwas so Ungewöhnliches, daß ein damit Beschenkter es sein ganzes Leben nicht vergessen kann. Kohlen wurden einem normalen „Volksgenossen", so sagte man damals noch, nur auf Bezugsschein als Kohlegruß*) sparsam zugeteilt oder auf dem „Schwarzen Markt" erworben. Bei den hier erwähnten Kohlen handelte es sich keineswegs um ein Geschenk im üblichen Sinne, sondern um Eigentum, das einwandfrei mir gehörte. Die Kohlen befanden sich im Keller des Hauses Nordstraße 38, Omas Haus, das dachlos mit ausgebranntem oberen Stockwerk und löchrigen Decken traurig in der Reihe der stattlichen, den Krieg heil überstandenen Jugendstilhäuser am Nordplatz in Münster stand.

In den letzten Kriegsmonaten hatte ich nur noch sporadisch in unserer Wohnung in der ersten Etage übernachtet; nämlich dann, wenn ich es nach einem arbeitsreichen Tag nicht mehr geschafft hatte, am Abend zu meinen Eltern hinauszuradeln, mit denen ich in einem Behelfsheim genannten Holzhäuschen in der Bauernschaft hinter Albersloh wohnte. Im Jugendstilhaus meiner Großmutter hatte ich kaum noch Kohlen verbraucht. In der kalten Jahreszeit war ich immer mit Wollsocken, Pullover und einer mit heißem Wasser gefüllten

---

*) Beim Abbau von Kohlen übrigbleibende, quantitativ minderwertige Reste von Kohlenstaub und verunreinigtes Restkohle-Stein-Gemisch.

Wärmflasche ins Bett gestiegen. Den kleinen Ofen neben dem Schlafraum im Balkonzimmer aufzuheizen hatte am späten Abend meistens nicht gelohnt, und zum Wochenende hatte ich die Eltern besucht. Ich hatte also rigoros Kohlen gespart, mit dem Hintergedanken an ganz schlimme heizmateriallose Zeiten, die allerdings schon längst gekommen waren.

In jenem Behelfsheim auf dem Lande hatte eigentlich zunächst nur ich gewohnt, denn das Haus meiner Großmutter hatte ja auch einen ganz erheblichen Bombenschaden. Erst, nachdem auch das Haus meiner Eltern von einer Bombe getroffen wurde, hatten sie ebenfalls bei mir im Behelfsheim Unterkunft gefunden. Wir hatten aber keine Möglichkeit gehabt, die Kohlen aus der zerstörten Stadt Münster zwanzig Kilometer aufs Dorf transportieren zu lassen, und behalfen uns stattdessen mit trockenen Ästen aus dem Wald.

Im Spätherbst 1945 erklärte sich unser Nachbar, ein Bauer, gegen die Zusage eines Zentners Kohlen bereit, mit Pferd und Wagen in die Stadt zu fahren und unsere Kohlen zu uns nach Albersloh zu transportieren. Sogar ein paar alte Säcke konnte er für diesen Zweck zur Verfügung stellen.

Eines schönen frühen Morgens machten wir uns auf und rumpelten durch Albersloh und Wolbeck über die Wolbecker Straße nach Münster hinein. Auf Umwegen erreichten wir die Nordstraße und unser Transportunternehmer band sein Pferd mit langen Zügeln an das speerspitzenbewaffnete Vorgartengitter, das den Krieg, wenn auch verrostet, überstanden hatte, und nicht, wie so viele andere für Kriegszwecke eingeschmolzen worden war. Die schwere eichene Haustür ließ sich aufdrücken, denn die Parterrebewohner hatten beim Abtransport ihrer Möbel im Herbst 1944 das Schloß beschädigt, und ich hatte noch niemanden gefunden, der es repariert hätte, obwohl uns auch die Nachbarn dringend darum gebeten hatten. Durch das zerstörte Haustürschloß war unser Haus nämlich unmittelbar nach Kriegsende ein „Haus der offenen Tür" geworden, und alle Nachbarn waren die Leidtragenden.

Die neuen „Bewohner", die vor allem zu nächtlicher Stunde, das offene Haus besuchten, hatten die Nachbarn in Angst und Schrecken versetzt. Sie hatten die Kellerräume requiriert und dort nächtliche – heute würde man sicher Parties sagen – veranstaltet, wobei lautes, heiseres Gegröle in unbekannter Sprache unter offensichtlichem Alkoholeinfluß dumpf aus den Kellern auf die Straße drang. Ob es sich um russisches oder polnisches Liedgut handelte, darüber konnten die Nachbarn keine Auskunft geben, doch lag die Vermutung nahe, daß es sich bei den Sängern um russische oder polnische ehemalige Kriegsgefangene beziehungsweise Zwangsarbeiter handelte, die dort eine Art Siegesfeiern abhielten. Keiner von den Nachbarn traute sich in das Haus hinein oder des Nachts in unmittelbare Nähe.

Bei meiner Erkundung – natürlich am hellichten Tage – hatte ich keinen Besetzer dort angetroffen. Ich stellte aber fest, daß in sämtlichen Kellerräumen die Türschlösser herausgebrochen waren und dort ein wildes Durcheinander herrschte. Der Raum, der in den ersten Kriegsjahren als Luftschutzkeller mit Notbett, Tisch und Stühlen gedient hatte, war zu einer Art privater Schlafhöhle umfunktioniert worden. Sämtliche im Haus oder in den Kellern vorhandenen Matratzen, Decken und Federkissen waren dort zusammengetragen und zu gepolsterten Sitz- und Schlafnestern verarbeitet worden. Die Kellerflure waren mit Mengen leerer Flaschen dekoriert, bei deren Anblick ich darüber rätseln mußte, wo die Kellerbewohner wohl die im öffentlichen Leben schon längst nicht mehr vorhandenen Alkoholbestände aufgetrieben haben konnten. Aus unserem Keller stammten sie bestimmt nicht.

Die leeren und halbleeren Einmachgläser mit Resten von Stachelbeeren, Kirschen, Bohnen oder Erbsen stammten dagegen einwandfrei aus Hinnerks Keller. Wieviel Zeit und Mühe hatte es gekostet, sie zu füllen – für Zeiten der Not. Aber das Ehepaar, schon pensioniert, das in der zweiten Etage zuhause gewesen war, hatte jetzt ganz andere und existentielle Sorgen. Sie lebten wie wir zur Zeit behelfsweise auf dem Lande. Die

Familie Hinnerk war Opfer einer Tragödie geworden, wie sie sich zur damaligen Zeit hundert- und tausendfach abspielten: Beide Söhne waren als Offiziere gefallen. Die Schwiegertochter war kurz vor Kriegsende bei ihnen eingetroffen, um ihnen als „letztes Vermächtnis" ihres Sohnes den kleinen Enkel als Säugling in die Arme zu legen, bevor sie in einem der letzten Bombenangriffe des Krieges ihr Leben verlor.

Nein, Hinnerks hatten keine Zeit dazu gehabt, sich um Einmachgläser zu kümmern, obwohl sie sie sicher dringend benötigt hätten. Ich war damals in ihren Keller gegangen und hatte dort zwei große Körbe vorgefunden, der eine mit Bettwäsche, der andere vollgepackt mit Porzellan und Glas – sorgfältig bruchsicher verpackt. Unsere ungebetenen Kellerbewohner hatten sich noch nicht dafür interessiert, zum Glück für Hinnerks. Ich hatte die Nachbarn gebeten, die Körbe in ihrem Keller unterzubringen und sie mit meinem Vater hinübergeschleppt. Aber das war vor Wochen gewesen und die nächtlichen Sauforgien, untermalt mit heiseren Gesängen, gehörten inzwischen auch der Vergangenheit an. Es hing sicherlich mit der Rückführung der ehemaligen Kriegsgefangenen und Zwangsarbeiter in ihre Heimatländer zusammen. Jetzt handelte es sich aber nicht um leere Schnapsflaschen und auch nicht um das „gute Eßzimmergeschirr", sondern um Kohlen. Vielleicht stand daneben auch noch das alte Bücherregal, das wir nun in unserem Behelfsheim gut gebrauchen konnten.

Wir, Bauer Nevels, Vati und ich, drückten also die schwere eichene Haustür auf, traten in den terrakottagepflasterten Eingang und – erstarrten: Da standen sie – oben vor der Tür zum Kellereingang unter dem lächelnden bärtigen Zwerg aus Gips, der in der Ecke die gewölbte Decke auf seinen Schultern abstützt – fünf große, dunkle Säcke! Verblüfft standen wir und staunten. Wer nur mochte die Kohlen in die Säcke geschaufelt, sie die steile Kellertreppe hochgewuchtet und fein ordentlich nebeneinander dem Hauszwerg zu Füßen gestellt haben? Ich rannte eilends die Kellertreppe hinunter und stellte fest:

Was für eine Überraschung im Spätherbst 1945: Fünf große Säcke voll
Kohlen standen abholbereit vor der Tür zum Kellereingang. Vielleicht
wären sie drei Stunden später schon weg gewesen.

Der – oder die – Kohlearbeiter hatten ganze Arbeit geleistet.
Unsere mit einer Bretterwand abgeteilte Kohlenecke war voll-
ständig geleert und sogar grob ausgefegt worden. Ich ergriff
das alte Bücherregal und eilte die Treppe wieder hinauf. Und
dann wuchteten wir die großen Säcke unverzüglich auf den
vor dem Haus wartenden Karren. Ich besuchte nicht einmal
meine Wohnung im ersten Stock. Wir legten keinerlei Wert
darauf, uns bei den fleißigen Kohlearbeitern zu bedanken, die
uns die schwere, schmutzige Arbeit abgenommen hatten. Wir
haben sie auch später nie kennengelernt!

(Weitere **ZEITGUT-***Beiträge dieser Autorin sind am Buchende vermerkt.)*

[Bösingfeld – Lippe-Detmold – Neuendorf –
Oebisfelde – Gardelegen,
Sachsen-Anhalt;
Juli 1947]

Karla Lang

Grenzgänger

Im Juli 1947 lebte ich in Lippe-Detmold, wo ich als junge Lehrerin in Bösingfeld beschäftigt war. Zu diesem Zeitpunkt begannen meine ersten Sommerferien. Die wollte ich nutzen,
um meine Mutter und meine Brüder Gustav und Günther in
Neuendorf in der russischen Besatzungszone zu besuchen. Ich
hatte sie vier Jahre nicht gesehen, zuletzt in Ostpreußen, Weihnachten 1943. Unser Vater war noch Anfang 1945 als Volks-
sturmmann bei Goldap in Ostpreußen gefallen. Obwohl ich
eine Aufenthaltsgenehmigung und ein Visum besaß, entschloß
ich mich, „schwarz" über die Grenze zu gehen und die Papiere für einen weiteren Besuch zu bewahren.
Bis Vorsfelde, der letzten Station auf westlicher Seite, konnte
ich mit der Bahn fahren. Von dort bis Oebisfelde auf der anderen Seite verkehrten lediglich Güterzüge, für den Personen-
verkehr war der Übergang gesperrt. Entlang des Bahndam-
mes standen, saßen oder lagerten auf einem gemähten Kornfeld in der warmen Sommersonne viele Menschen, die alle nur
den einen Wunsch hatten – über die Grenze zu kommen. Sie
warteten, genau wie ich, stundenlang auf einen Güterzug, dessen offene Waggons sie erklettern wollten, um so von Deutschland West nach Deutschland Ost zu gelangen.
Es dunkelte schon, als der ersehnte Zug ankam und hielt.
Nun wurde es lebendig in der Schar der Wartenden. Rufe er-
schollen, um die Angehörigen, besonders die Kinder, zusam-

menzuhalten: „Hierher! Kommt, hier ist noch Platz, schnell, schnell!" – „Nein, das schaffe ich nicht!" – „Wir helfen dir hinauf!" – „Geschafft!"

Ich hatte den Zugführer entdeckt. Mir war vor meiner Reise geraten worden, ihm Zigaretten und Schokolade, die wir im letzten Jahr auf Zuteilungsmarken bekommen und gesammelt hatten, zuzustecken, um von ihm irgendwo untergebracht zu werden. Das tat ich nun. Er versteckte mich im Kohlentender in einem kleinen dunklen Verschlag, in dem ich nur stark zusammengekrümmt hocken konnte. Irgendwann setzte sich der Zug in Bewegung. Die kurze Strecke schien mir unendlich lang, denn immer wieder hielt der Zug, kroch dann langsam weiter. Ich sah nichts, konnte mich nicht orientieren und horchte angespannt nach draußen, bis plötzlich – es muß etwa Mitternacht gewesen sein – grelles Licht durch die Ritzen fiel, Laute in russischer Sprache ertönten und schwere Stiefel an meinem Versteck vorbeigingen. Scharfe Hunde bellten, und ängstliche Stimmen, Weinen und Schreie waren aus den Waggons zu vernehmen. „Dawei, dawei!", hieß es immer wieder. Was mochte da vorgehen? Ich hockte regungslos und atmete kaum. Schließlich wurde es ganz still draußen, und der Zug stand noch mindestens eine Stunde, ehe er anfuhr und mit einigen Unterbrechungen ostwärts rollte. Hatte man mich vergessen? Wo waren wir?

Bei jedem Halt hoffte ich, aus meinem Verließ befreit zu werden. Dann endlich, als wir am Endhaltepunkt, dem Güterbahnhof in Gardelegen, angekommen waren, öffnete sich die Tür meines Kämmerchens. „Was war denn los auf der Strecke", fragte ich, „warum schrien die Menschen, weshalb dauerte es so lange?"

„Kontrollen", sagte mein Zugführer, „sie leuchten mit Scheinwerfern die Waggons von oben ab, die Leute werden heruntergeholt, und mit einigen Frauen geht's ab in den Wald. Es ist jedesmal dasselbe."

Das geschah im Jahr 1947, zwei Jahre nach Kriegsende.

Meine Mutter und Geschwister fand ich als Flüchtlinge in traurigen Verhältnissen vor. Sie hatten nur wenige Habseligkeiten gerettet, wohnten in der Waschküche auf einem Bauernhof und hatten kaum etwas zu essen.

„Kannst du den Günther nicht nach drüben mitnehmen?" fragte Mutter, als mein Besuch bei ihnen zu Ende ging. „Die Kinder haben jahrelang durch Krieg und Flucht keinen geregelten Unterricht gehabt. Aus ihm wird hier doch nichts!"

Für einen Moment beschlich mich die Furcht vor der kommenden Pflicht und Verantwortung, dann sagte ich mutig: „Ja!". Günther war zwölf, ich 23 Jahre alt.

Mutter packte einige Kleidungsstücke und etwas Reiseproviant zusammen; das Bettzeug wurde um eine Stange gebunden, deren Enden Günther und ich uns auf die Schultern legten, und so zogen wir los. Ein paar Stationen in Richtung britischer Zonengrenze konnten wir mit der Bahn fahren, dann ging es zu Fuß weiter auf schmalen Wegen und Pfaden durch den Wald des Grenzgebietes. Ein junges Mädchen, das sich angeblich auskannte, schloß sich uns an, trotzdem haben wir uns verlaufen. Nach stundenlangem Hin und Her standen zwei Polizisten vor uns – wie aus dem Boden gewachsen. Sie durchsuchten das Bettzeug und kontrollierten unsere Ausweise.

„Sie können weitergehen", sagten sie zu mir, „aber der Junge muß zurück!"

Meine Nerven waren derart gespannt, daß ich anfing zu weinen, und Günther, der die große Schwester weinen sah, fing ebenfalls an zu schluchzen. Wir müssen wie ein Häufchen Elend gewirkt haben und fühlten uns auch so, daß der ältere der beiden Polizisten nur zwei Worte sagte: „Haut ab!"

So schnell es ging, ergriffen wir unsere Sachen und rannten über die damals noch grüne Grenze. Auf dem Heuboden eines Bauern konnten wir inmitten vieler Flüchtlinge übernachten. Am anderen Morgen gingen wir zur nächstgelegenen Bahnstation, um nach Bösingfeld zu fahren. Während wir auf dem Bahnsteig auf den Zug warteten, bereitete ich Günther auf

Das Foto zeigt mich als junge Lehrerin etwa 1947/49, damals noch unter meinem Mädchennamen Karla Didzuneit.

seine neue Umgebung und die künftige Schule vor. Von meiner Schulbehörde erhielt ich für meinen kleinen Bruder für seinen Unterhalt monatlich zwanzig Mark, die unter der Rubrik „unverheiratet mit Kind"(!) verbucht wurden. Das hörte sich zwar nach einem anderen Tatbestand an, stimmte ja aber schließlich. Günther lernte nach all den schweren, unterrichtslosen Jahren erstaunlich gut und hatte seine Wissenslücken bald geschlossen. Natürlich war das seinem schnellen Begreifen und gutem Lernen geschuldet. Doch Schüler meiner Schule in Bösingfeld hätte er nicht werden können ohne die zwei alles entscheidenden, erlösenden Worte: „Haut ab!"

*(Weitere **ZEITGUT**-Beiträge der Autorin sind am Buchende vermerkt.)*

[Töttelstädt – Quingenberg, heute ein Ortsteil
von Zeulenroda, Thüringen;
1946]

Margarete Pinsker

Umzug mit Hindernissen

Das also war meine letzte Nacht in Töttelstädt! Ich hatte
nicht glauben wollen, daß es wirklich passieren und wir aus
dem Dorf, das zehn Jahre meine Heimat gewesen war, wirklich für immer weggehen würden. Besonders in der Kriegszeit hatten wir viele Freunde gefunden, die unser Zusam-
mengehörigkeitsgefühl mit ihnen und dem Ort stärkten.
Doch nun stand der Entschluß unserer Eltern unumstößlich
fest, für die Kinder gab es da kein Mitspracherecht. Meine
kleineren Geschwister freuten sich sogar auf das Neue. Für
sie galt der bevorstehende Umzug eher als ein Abenteuer.
Ich aber, bereits ein junges Mädchen, war todunglücklich.
Schließlich blieb auch mein Freund Wolfgang im Nachbar-
dorf Bienstädt zurück.
Es nutzte kein Jammern, es nutzte kein Schimpfen. Morgen früh um neun Uhr würde der Möbelwagen für die Reise
von Töttelstädt nach Quingenberg bei Zeulenroda vor der Tür
stehen. Dort hatten meine Eltern das „Talschlösschen", eine
ehemalige Brauerei, gekauft. Zeulenroda? „Talschlösschen"?
Mich interessierte nicht der Teich direkt hinter dem Haus,
von dem meine Eltern schwärmten, nicht der große Garten
und nicht der nahe Wald. Für mich lag unser 120 Kilometer
entferntes Ziel hinter dem Mond – in der Nachkriegszeit in
Ermangelung von Autoreifen und Benzin ohnehin eine Ta-
gesreise. Mit Tränen schlief ich ein.

Der Abschied von Töttelstedt bei Erfurt fiel mir schwer. Auf der alten Postkarte sind unsere Gasthaus „Deutscher Hof", das meine Eltern bewirtschafteten, die Dorfstraße und mein kleiner Bruder Claus-Dieter beim Füttern unserer Hühner zu sehen. Neben dem Gasthof betrieben meine Eltern eine Brüterei mit einer Aufzuchtstation für Junghennen. Die Hähne wurden im Restaurant als Brathähnchen angeboten.

Ich erschrak, als Mutti mich weckte. Der Möbelwagen war pünktlich. Wir packten alle mit an, und nach zwei Stunden war alles verstaut. Ich kletterte mit Onkel Wilhelm, der uns geholfen hatte, in den Möbelwagen. So hatte es Papa beschlossen. Der Rest der Familie mit all unserem Viehzeug sollte in unserem alten DKW folgen.

Nun saß ich, eingepfercht zwischen Kisten und Kästen, im Möbelwagen, der langsam dahinschlich. Abschiedsschmerz übermannte mich. An Schlafen war nicht zu denken. Außerdem hatte ich Angst. Würden uns die Russen anhalten und kontrollieren?

Schließlich befanden wir uns in der russisch besetzten Zone. Es muß beim Hermsdorfer Kreuz gewesen sein, als der Ruf „Stoi!" unsere langsame Fahrt über die holprige Au-

tobahn stoppte. Ich erstarrte vor Angst, verkroch mich unter einer Decke und verhielt mich mucksmäuschenstill.
Hoffentlich muß ich nicht husten, dachte ich angstvoll. Ich
war ein sechzehnjähriges Mädchen, wußte was „Übergriffe" sind, und hatte schon einiges in dieser Hinsicht erlebt.
Der Laderaum wurde geöffnet, mit Lampen abgeleuchtet.
Onkel Wilhelm, ein Pole, der etwas russisch sprach, palaverte mit den russischen Kontrolleuren. Unsere Papiere
schienen in Ordnung zu sein. Ich atmete tief auf und war
naßgeschwitzt vor Angst, als sich die Ladeluke zu meinem
„Gefängnis" geräuschvoll schloß.

Bald bemerkte ich, daß unser Fahrzeug von der Autobahn
abbog und war nun doch gespannt, was ich vorfinden würde. Vor allem hoffte ich, daß die Eltern mit ihrer Fuhre
längst vor uns angekommen wären.

„Aussteigen! Wir sind da!" Es war Herbst, ich war steif
gefroren. Onkel Wilhelm half mir herunter. Ich schaute mich
neugierig um. Keine Menschenseele weit und breit! Im Dunkel geradezu drohend erschien mir das Haus, das an der Landstraße stand und unser neues Heim werden sollte. Plötzlich
hörte ich ein lautes „Hallo!"

Das war Familie Seidel, die uns freundlich begrüßte. Das
Haus war in Hufeisenform gebaut. Im Seitenflügel, rechts
neben einem Turmgebäude, hatten sie ihre Wohnung gemietet. Die Stimmen aus dem Dunkel waren sympathisch und
angenehm. Seidels schlossen uns die Türen auf, knipsten die
Lichter an, und da erstrahlte es im hellen Glanz, das „Talschlößchen". Von dicken Mauern und Bäumen umgeben, mit
Doppelfenstern ausgestattet, eben ein richtiges Schlößchen.
Neugierig folgte ich ins Haus. Der Gastraum war einladend
und mit hübschen Möbeln bestückt, der Tanzsaal hatte einen Parkettboden, in der geräumigen Küche dominierte ein
riesiger Herd, in dem das Feuer bereits knisterte.

Seidels Einladung in ihre Wohnung lehnte ich zunächst
dankend ab: „Die Möbelpacker müssen weiter!"

Tatkräftig packten viele fleißige Hände beim Entladen mit an. Wir fanden rasch die richtigen Stellplätze für die Möbel, und was noch nicht plaziert werden konnte, kam zunächst an einen zentralen Punkt, in den Tanzsaal. Vor meinem geistigen Auge bezogen wir bereits die Zimmer.

„Ich bin Gerhard Seidel, der Sohn der Familie!" Eine Hand streckte sich mir freundschaftlich entgegen. Wie hatte Oma immer gesagt? „Viele Hände machen ein schnelles Ende!" – Wie wahr, dachte ich. Aber wo blieben Mama und Papa? Bei jedem Geräusch rannte ich vor die Tür. Meine Sorge wuchs von Stunde zu Stunde. Ob sie irgendwo unterwegs übernachten mußten?

Passiert wird ja nichts sein, redete ich mir Mut zu. Die Arbeit war getan, die Familie noch immer nicht komplett, also nahmen wir dankbar Seidels Einladung zum späten Kaffee an. „Ein paar Böhnchen sind drin", entschuldigte sich Mutter Seidel für ihre Art „Muckefuck", denn auch Bohnenkaffee war Mangelware. Er wurde gestreckt, mitunter auch der Kaffeegrund mehrmals aufgekocht. Die belegten Brote schmeckten sehr gut.

Als sich die Möbelpacker auf den Heimweg gen Töttelstädt machten, wurde mir wieder ganz mau ums Herz. Das letzte Stück Heimat fuhr davon. Wo waren meine Lieben? Was machte mein geliebter Wolfgang?

Heute, im Technik-Zeitalter von stationären und mobilen Telefonen, sind das kaum noch nachvollziehbare Gedankengänge. Die Tränen kullerten. Beim Richten der Betten half mir wieder Mutter Seidel. „Eigentlich ein ganz hübscher Junge", dachte ich, als ich einen Blick von Gerhard Seidel auffing. Dann übermannte mich die Müdigkeit. Katzenwäsche in der Küche, und das war's. „Sperr die Tür nicht zu!", rief ich Onkel Wilhelm noch zu, und dann umfing mich die „Gute Nacht". Während er nebenan bereits lautstark schnarchte, kreisten meine Gedanken sorgenvoll um meine Familie. Papa hat doch immer alles zum Besten gerichtet, dachte ich, also werden sie morgen ganz bestimmt hier ankommen. Oder heute nacht noch?

Meine Geduld wurde auf eine harte Probe gestellt. Zwar versuchte ich am nächsten Morgen, mir mit dem Auspacken der Kleidung und Wäsche die Zeit zu vertreiben, aber meine Gedanken schweiften immer wieder ab. Der Rest der Familie kam erst am späten Nachmittag in Quingernberg an. Erleichtert fiel ich ihnen um den Hals. Schuld an ihrer Odyssee war unser „abgeschnittener" DKW. Wer weiß heute noch, was ein „abgeschnittener" DKW war? Man kennt ihn höchstens aus historischen Filmszenen! Aber Not macht bekanntlich erfinderisch, und Not herrschte überall. Auch in den Jahren nach dem Krieg war Benzin rationiert und deshalb heißbegehrte Mangelware. Ein findiger Kopf muß es gewesen sein, der einst einen kleinen Heizkessel auf einem Lieferwagen installierte. Mit Holz betrieben, das speziell geschnitten und gehackt werden mußte, setzte er Fahrzeuge in Gang. Doch wer besaß schon einen Lieferwagen?

Erfindergeist schlug Kapriolen, und so wurde unser PKW von hinten gekappt, das heißt abgeschnitten, die Rücksitze entfernt, eine Ladefläche geschaffen, mit Brettern ohne eingefügte Fenster wieder verschlossen, und schon hatten auch wir einen Transportwagen. Was darin für den Umzug nach Zeulenroda alles Platz fand, ist kaum zu glauben: die Eltern, meine Schwester Inge, mein Bruder Claus-Dieter, ein Schwein, eine Ziege, etliche Hühner, Enten und unsere Katze. Die Ziege war braunweißgefleckt, ein hübsches Tier, und das Wichtigste überhaupt: Sie gab sehr viel Milch. Das merkten wir besonders nach dem Umzug, denn im Gegensatz zu Töttelstädt, unserem Bauerndorf mit viel Vieh und Feldern, gab es in Zeulenroda kaum Landwirtschaft.

Von den vielen Reisenden im DKW war die Katze die einzige, die das Ziel nicht erreichte. Damals hatten die Fahrzeuge, allesamt Vorkriegsmodelle, schon ein langes Leben hinter sich.

Viele Teile waren abgenutzt, die Reifen alt, unser Auto war bei dieser Fahrt obendrein hoffnungslos überladen. Kein Wunder, daß immer wieder gehalten werden mußte, weil ein Reifen geplatzt war. Was hätte da nicht alles passieren können?! Bei einer dieser Gelegenheiten ergriff unsere Katze die Flucht auf Nimmerwiedersehen. Enten und Hühner versuchten es auch, wurden jedoch immer wieder eingefangen. Und das auf der Autobahn, die man natürlich überhaupt nicht mit der heutigen vergleichen konnte! Für Inge und Claus-Dieter erfüllte sich auf dieser Tour der Traum vom Abenteuer. Meine Geschwister bekamen natürlich etwas von mir zu hören wegen Minouch, meiner geliebten Katze. Noch Tage danach bin ich aus dem Haus gerannt, wenn ich eine Katze sah oder hörte. Minouch war es nie, sie blieb verschwunden. – Und doch war ich heilfroh, daß wir am neuen Wohnort alle wieder vereint waren.

Hier stehe ich 1947/48 an der Fliederhecke im großen Garten des Hauses „Talschlößchen" in Quingenberg bei Zeulenroda. Recht schnell hatte ich mich in unserem neuen Zuhause eingelebt.
(Die Fortsetzung der Geschichte ist in „Gegessen wird immer" zu lesen.)

Waltraud Guthsmuths

Gebt sie frei!

*Der Präsident des Bundesrates, Karl Arnold, veröffentlichte
am 14. Oktober 1949 einen Appell zum Tag des Kriegsgefangenen mit dem Titel: Gebt sie frei! Allein das Gebot der
Menschlichkeit gebe dem deutschen Volk das Recht, die Rückkehr der Kriegsgefangenen mit allen Mitteln zu fordern.*

Unter meiner Wohnungstür war ein Zettel durchgeschoben
worden: „Karl-Heinz Guthsmuths wurde heute im Radio
aufgerufen." Darunter stand der Name einer Nachbarin.
    Ich wußte sofort, was diese kurze Nachricht bedeutete,
denn wer Zeit und ein Radio hatte, hörte nachmittags zu,
wenn im RIAS die Namen der am nächsten Tag in Berlin
eintreffenden Heimkehrer aus russischer Kriegsgefangenschaft verlesen wurden. Und wer es aushalten konnte. Ich
gehörte nicht dazu, nicht mehr. Ich konnte es einfach nicht
mehr ertragen, auf den Buchstaben G zu warten. Die Enttäuschung war zu furchtbar.
    Nun schlug mein Herz wie wild, ich mußte mich setzen.
Heinz kommt. Das Hämmern in meinem Kopf ließ vorerst
keinem weiteren Gedanken Raum an diesem verregneten,
kalten Spätnachmittag des 21. Dezember 1949 – drei Tage
vor Weihnachten.
    Langsam beruhigte sich mein Puls und das Hämmern im
Kopf wurde leiser. Ich war froh, gerade allein zu sein, um

über den morgigen Tag nachzudenken. Später kam meine
Mutter, außer Atem von dem weiten Weg und in Tränen auf-
gelöst. Sie würde am nächsten Tag bei den Kindern bleiben,
denn die Heimkehrerzüge kamen immer früh um 5 Uhr auf
einem der vielen zerbombten Berliner Bahnhöfe an. Das hieß,
um 3 Uhr die Wohnung zu verlassen.

Schlafen konnte ich nicht in dieser Nacht. Meine Gedanken drehten sich im Kreis: Kommt er wirklich? Übersteht er
auch noch die Strapazen von vier Wochen Fahrt im eisigkal-
ten Güterzug? Wie krank ist er, kann er sich von den Jahren
in unmenschlicher Gefangenschaft erholen? Wie würden unsere Kinder ihn nach sieben Jahren Entfremdung annehmen?
Würden wir uns überhaupt innerlich wiederfinden?

Wir waren nicht mehr die, die vor sieben Jahren getrennt
wurden.

Keine Antworten auf die brennenden Fragen, wenig Hoffnung, fast nur Angst vor den Folgen des kommenden Tages,
bis es endlich Zeit wurde zum Aufstehen.

Der dunkle Morgen auf dem fast ganz zerstörten Bahnsteig des Lehrter Bahnhofes ist für immer in meinem Gedächtnis eingebrannt. In weiten Abständen baumelten einige wenige 25-Watt-Birnen an einem Draht über den Köpfen
der unübersehbar vielen Mitwartenden. Es war kalt, ein ei-
siger Wind pfiff durch die ausgebrannte Ruine und ich fror
in meiner unzulänglichen Kleidung. Es wurde wenig gere-
det, es war fast still, obwohl der Bahnsteig brechend voll war.
Wenigstens hatte ich mir einen erhöhten Platz erkämpft, als
der Zug einfuhr und seine Fracht freigab. Ich sah nur grau-
gesichtige, magere Elendsgestalten in den typisch russischen
Wattejacken oder in den Lumpen alter Wehrmachtsunifor-
men. Viele trugen keine Schuhe, sondern Stofffetzen um die
Füße. Etliche hatten Bündel oder Rucksäcke dabei. In kleinen Gruppen, die sich bereits gefunden hatten, leise Tränen
und heftiges Weinen – vor Erleichterung, aus Mitleid, vor

Erschöpfung. Panik kroch in mir hoch, unter den vielen Menschen meinen Heinz gar nicht zu finden – wenn er denn kam. Ich wurde nicht nur vor Kälte langsam starr. Der Bahnsteig leerte sich, die Menschenmenge schob sich langsam die Treppen hinunter zum Ausgang. Unter den wenigen stehengebliebenen Heimkehrern war kein vertrautes Gesicht. Alles in mir erfror, Verzweiflung schnürte mir die Kehle zu. Er war nicht zurückgekommen, Heinz war nicht heimgekehrt. Was sollte ich unseren drei Kindern sagen?

Mir schien eine Ewigkeit vergangen, bis ich mich zusammennehmen und mit den Nachzüglern in Richtung Ausgang die Treppe hinabgehen konnte. In der Unterführung trafen alle Aufgänge zusammen, es wurde wieder enger und ich wurde mit der Menge mehr geschoben als daß ich selber ging. Meine Füße wollten nicht und in meinem Kopf war kein klarer Gedanke. Plötzlich mußte ich mich umdrehen, völlig sicher, daß da Heinz war. Im gleichen Augenblick hörte ich ihn. „Traudel!" – und mit heiserer Stimme – „ich wußte, daß du es bist."

*

Nachtrag von Karin Barden, der Tochter von Waltraud Guthsmuths, die diese Geschichte aufgeschrieben hat:

Mein Vater ist 1965 an den Kriegsfolgen gestorben. Er war mit seinem Kübelwagen auf eine Mine geraten und hatte Splitter im ganzen Körper. Sie wanderten und ich entsinne mich, wie oft unsere Mutter wieder einen mit der Pinzette faßte und herauszog. Wir sind uns sicher, daß seine drei Herzinfarkte auf wandernde Splitter zurückzuführen waren. Kurz vor seinem Tod erlebte er noch die große Freude, daß ich schwanger war, nachdem es immer geheißen hatte, ich bekäme keine Kinder. – Wie hätte er sich über die acht Enkel und zehn Urenkel gefreut.

[Hamburg-Farmsen;
Herbst 1949]

Eva Bohnert

„*Friedemann kommt!*"

Es ist der 1. September 1949. Wieder sollen viertausend Gefangene aus der Sowjetunion heimkehren. Immer ist es dasselbe: Man hofft und will doch nicht glauben, daß endlich der Bruder dabei ist. „Aber diesmal muß er mitkommen", sage ich noch zu meiner Tante, ehe ich mich voll banger Hoffnung ins Bett lege. Dann nehme ich ein Buch zur Hand und beginne zu lesen. Da klingelt das Telefon! Wie ein Alarmschrei schrillt es durch das Haus. Für einen Moment halten wir alle den Atem an. Es ist spät, schon 23 Uhr – wäre es möglich, daß ...?
„Siebenundzwanzig, zweiundzwanzig, sechsundfünfzig!" Mit ruhiger Stimme meldet sich mein Vater am Apparat. Ein kalter Schauer läuft mir über den Rücken, und wie auf Kommando fahren meine Schwester und ich im Bett hoch.
„Frankfurt/Oder", raunt mein Vater der neben ihm stehenden Mutter zu. Ein halberstickter Aufschrei: Sekundenlang sind wir alle wie gelähmt, aber welche Fülle von Gedanken birgt diese Zeitspanne! Wer könnte es sein außer ihm?, überlegen wir krampfhaft.
Wieder höre ich die Stimme meines Vaters, ganz sachlich und beherrscht. Aber ist es denn möglich, ist er es wirklich, unser Friedemann?
Doch! Es ist unfaßbar, er spricht an der anderen Seite der Leitung – hier, in Deutschland!
Jetzt nimmt die Mutter den Hörer: „Friedemann, mein

Junge!" Viel mehr kann sie nicht hervorbringen. Plötzlich
ist die Verbindung abgebrochen. Betäubt stehen wir alle oben
an der Treppe: zwei Großmütter, die Tante, meine Schwester
Moni und ich, barfuß in Nachthemden. Ich weiß nicht, was
ich tun soll. Tausendmal habe ich mir diesen Augenblick ausgemalt, und nun?

Weinen, das kann ich nicht. Und lachen auch nicht. Zweifel
plagen mich, ich kann es einfach noch nicht glauben. Zu lange
haben wir vergeblich gehofft. Doch dann laufe ich die Treppe
hinunter zur Mutter, die noch am Telefon sitzt. Wir umarmen
uns, sprechen, reden irgend etwas ganz Dummes. Nun schlüpfe
ich in eine Jacke und fliehe hinaus in die freie, stille und milde
Herbstnacht. Ich muß doch etwas tun, irgendwie danken für
die große Freude, die jetzt auch mich überwältigt!

Aber bald gehe ich wieder hinein zu den anderen, wo jetzt
auch die Telefonverbindung wieder hergestellt ist. Noch ein
zweites Mal sprechen die Eltern ein paar Worte, während wir
dicht daneben stehen, um vielleicht auch die leisen Worte aus
dem Hörer zu vernehmen. Allmählich löst sich die Erstarrung
der ersten Freude. Meine Schwester liegt schluchzend auf einem Bett, ich renne hin und her, treppauf und treppab, ganz
sinnlos. Wir lachen nun und beginnen langsam das Wunder
zu erfassen. Moni läuft ins Wohnzimmer, sucht in den Noten
und öffnet das Klavier und spielt „Nun danket alle Gott!"

Aus wahrhaft erfüllten Herzen singen wir den freudigen
Choral, bis sich auch bei meinen Eltern die krampfhaft unterdrückte Sorge der letzten Jahre milde in Tränen löst. Es
ist das erste Mal, daß ich meinen Vater weinen sehe.

Doch nun ins Bett! Eben liege ich, da springe ich wieder
auf. Es gibt ja so viel zu bereden!

Wer soll es zuerst erfahren? Wie teilen wir es unserer Schwester Ulla, die auswärts verheiratet ist, schnell mit?

Plötzlich reden alle durcheinander. Endlich ist es doch Zeit,
den Schlaf zu suchen, aber der läßt heute auf sich warten. In
meinem Kopf wogen die Gedanken hin und her. Ist es nicht

auch ein seltsames Gefühl, nun wieder einen Bruder zu bekommen? Wird er gesund sein, und wie mag er aussehen? Der Morgen graut wie immer, doch es ist kein Morgen wie gewöhnlich. Oh nein, er wird ja nur von einem Gedanken beherrscht! Die Freude verwandelt die Menschen, das Haus, ja alles um mich herum. „Friedemann kommt!" mit diesem Jubelruf begrüße ich alle, die ich auch nur ein wenig kenne. Wie gut ist es, die Mitfreude der Menschen zu spüren! Viele drücken meiner Mutter bewegt die Hand, für sie war die Zeit wohl doch am schwersten. Es wird nun stiller in mir, ruhig überlegen wir, wie wir den Bruder empfangen wollen, wenn er endgültig über die vielen Aufnahmestationen kommen wird. Und dennoch lebe ich an diesen Tagen wie in einer anderen Welt, da alles sich nur um dies eine dreht: die Heimkehr unseres Bruders Friedemann.

Die Familie Hübler, zu Hause in Hamburg-Farmsen, ist wieder glücklich vereint. Hinter unseren Eltern stehen wir vier Geschwister Moni, Friedemann, ich, mit Dutt, und Ulla.

		Erscheinungsjahr
Band 1	Gebrannte Kinder, Kindheit 1939-1945	1998
Band 2	Nachkriegs-Kinder, Kindheit 1945-1950	1998
Band 3	Stöckchen-Hiebe, Kindheit 1914-1933	1998
Band 4	Pimpfe, Mädels & andere Kinder, Kindheit 1933-1939	1998
Band 5	Wir wollten leben, Jugend 1939-1945	1998
Band 6	Schlüssel-Kinder, Kindheit 1950-1960	1999
Band 7	Gebrannte Kinder. Zweiter Teil, Kindheit 1939-1945	1999
Band 8	Und weiter geht es doch, 1945-1950	1999
Band 9	Täglich Krieg, Deutschland 1939-1945	2000
Band 10	Hungern und hoffen, Jugend 1945-1950	2000
Band 11	Von hier nach drüben, Grenzgänge, Fluchten 1945-'61	2001
Band 12	Wir sollten Helden sein, Jugend 1939-1945	2001
Band 13	Heil Hitler, Herr Lehrer! Kindheit 1933-1939	2000
Band 14	Lebertran und Chewing Gum, Kindheit 1945-1950	2000
Band 15	Zwischen Kaiser und Hitler, Kindheit 1914-1933	2002
Band 16	Getäuscht und verraten, Jugend 1933-1939	2002
Band 17	Halbstark und tüchtig, Jugend 1950-1960	2002
Band 18	Deutschland – Wunderland, 1950-1960	2003
Band 19	Mauer-Passagen, Grenzgänge, Fluchten 1961-1989	2004
Band 20	Der Traum ist aus, Jugend 1944-1945	2005
Band 21	Also packten wir es an, Deutschland 1945-1947	2006
Band 22	Morgen wird alles besser, Deutschland 1947-1952	2008
Band 23	Schicksalstage 1945, Kriegsende in Deutschland	2010
Band 24	Schwarz über die grüne Grenze, 1945-1961	2011
Band 25	Mauerzeit, 1961-1989	2011
Band 26	Frauen an der Heimatfront, 1939-1945	2012

Kleine Taschenbücher
Kinder des Jahrhunderts (Taschenbuch zum Kennenlernen)	2004
Spuren des Jahrhunderts (Taschenbuch zum Kennenlernen)	2013
Unvergessene Weihnachten, Bd.1 bis 8	2004-2012
Unvergessene Schulzeit, 1921-1945. Bd.1	2005
Unvergessene Schulzeit, 1945-1962. Bd. 2	2005
Unvergessene Schulzeit, 1914-1945. Bd. 3	2007
Unvergessene Ferienzeit, 1923-1962. Bd.1	2005
Wo morgens der Hahn kräht, 1912-1945. Bd. 1	2006
Wo morgens der Hahn kräht, 1945-1968. Bd. 2	2006
Gegessen wird immer, 1916-1975. Bd. 1 (Originalausgabe)	2009

Weitere Informationen unter **www.zeitgut.de**

Verfasser   *Seiten*

Bertl, Gisela, geb. Genz   *S. 114*
geb. 1928 in Schwellin, Pommern,
lebt in Halle, Sachsen-Anhalt.
Beruf/Tätigkeiten: Handelskauffrau, im Ruhestand.
Bisherige Veröffentlichungen: Beiträge in ZEITGUT Band 10 und 26.

von Blumenstein, Elisabeth, geb. Vukovic   *S. 82*
geb. 1922 in Zagreb-Agram, Kroatien, lebt in München, Bayern.
Beruf/Tätigkeiten: Kindergärtnerin, Hausfrau.

Bohnert, geb. Hübler, Eva   *S. 179*
geb. 1930 in Hamburg, lebt in Büsingen bei Schaffhausen, Exklave in der
Schweiz.
Beruf/Tätigkeiten: Kindergärtnerin, Postzustellerin in Vertretung,
im Ruhestand.
Bisherige Veröffentlichungen: „Zwischen Angst und Hoffnung. Tagebuch
einer Hamburger Schülerin 1945-1946." Sammlung der Zeitzeugen, Zeitgut Verlag Berlin 2005; Beiträge in „Unvergessene Weihnachten. Band 4".

Bödeker, Helga   *S. 21*
geb. 1928, lebt in Bad Fallingbostel, Niedersachsen.

Braun, Rita, geb. Heikaus   *S. 11*
geb. 1937 in Offenbach/Main, lebt in Garbsen, Niedersachsen.
Beruf/Tätigkeiten: Erzieherin.

---

*) Aus Platzmangel verzichten wir auf die Angaben der vollständigen
Buchtitel der Reihe ZEITGUT.

Conrad, Eva geb. Schreiber   *S. 34*
geb. 1933 in Remscheid, Bergisches Land,
lebt in Mönchengladbach, Nordrhein Westfalen.
Beruf/Tätigkeiten: Verwaltungsangestellte, im Ruhestand.

Guthsmuhs, Waltraud, geb. Both   *S. 176*
geb. 1915 in Berlin, verstorben 2007,
lebte zuletzt in Berlin.
Beruf/Tätigkeiten: Kaufmännische Angestellte.

Haß, Ernst   *S. 44*
geb. 1913 in Hamburg, verstorben 2008,
lebte zuletzt in Hamburg.
Beruf/Tätigkeiten: Schiffbau-Techniker.
Bisherige Veröffentlichungen: Beiträge in ZEITGUT Band 8, 9, 15, 18,
22 und in „Unvergessene Weihnachten. Band 4".

Hünichen, Liesel, geb. Freisenhausen   *S. 161*
geb. 1919 in Münster, lebt in Norderstedt, Schleswig Holstein.
Beruf/Tätigkeiten: Sozialarbeiterin, Hausfrau, ehrenamtl. Abgeordnete,
Schöffin, Mitarbeit in Vereinen und Verbänden, Seniorenbeirat.
Bisherige Veröffentlichungen: Beiträge in „Erlebte Geschichte(n) 1933-
1948". Verlagshaus Meinecke, Norderstedt; „Hitlers willige Vollstrecker?",
Jahn & Ernst Verlag, Hamburg; Beiträge in ZEITGUT Band 4, 11, 15,
16, 21, 22, 23, in „Unvergessene Weihnachten. Band 2, 3, 4 und 6", „Ge-
gessen wird immer", „Damals bei Oma und Opa" und „Hoch auf dem
Erntewagen".

Jacobs-Dahlmann, Marianne, geb. Morlock   *S. 39*
geb. 1936 in Berlin,
lebt in Heidesee-Friedersdorf, Brandenburg.
Beruf/Tätigkeiten: Speditionskauffrau, Flugbegleiterin (1957-1961), Re-
dakteurin (1964-1984 und 1987-1995), Leiterin einer Seniorenresidenz
(1985-1987), im Ruhestand.
Bisherige Veröffentlichungen: News für Redaktionen (Print, Hörfunk, Fern-
sehen), „Stadtzeitung" Karlsruhe, Medikuss u.a.; „Senioren schreiben Geschichte", Badische Neueste Nachrichten, Karlsruhe; Beitrag in „Unvergessene Weihnachten. Band 3".

Kergel, Christian, Dr. phil. *S. 130*
geb. 1927 in Breslau, lebt in Remagen-Oberwinter, Rheinland-Pfalz.
Beruf/Tätigkeiten: Höherer Schuldienst, Bundesreferent des Jugendrotkreuzes, Chefredakteur „Jugendrotkreuz und Erzieher", stellv. Generalsekretär und Protokollchef des Deutschen Roten Kreuzes a. D.
Bisherige Veröffentlichungen: Wissenschaftliche Beiträge in „Paedagogica Historica", Internationale Zeitschrift für Geschichte der Pädagogik, und in anderen Fachzeitschriften, Fachbereiche: Geschichte, Pädagogik, Klassische Philologie, Sportwissenschaft. Dokumentation des humanitären und weltweiten Auftrages des Deutschen Roten Kreuzes und des Internationalen Roten Kreuzes; Beitrag in „Unvergessene Weihnachten. Band 7".

Lang, Karla, geb. Didzuneit *S. 166*
geb. 1924 in Darkehmen, Ostpreußen, verstorben 2006,
lebte zuletzt in Dassel, Niedersachsen.
Beruf/Tätigkeiten: Lehrerin.
Bisherige Veröffentlichungen: Beitrag in ZEITGUT Band 26.

Ludwig, Erika, geb. Hellwig *S. 25*
geb. 1923 in Wippra, Südharz, verstorben 1996,
lebte zuletzt in Sangerhausen, Sachsen-Anhalt.
Beruf/Tätigkeiten: Laborantin, Hausfrau.

Marx, Josef *S. 117*
geb. 1929 in Völklingen/Saar,
lebt in Saarbrücken-Bischmisheim, Saarland.
Beruf/Tätigkeiten: Schleusenmeister, im Ruhestand.

Mildt, Herbert *S. 63*
geb. 1931 in Landsberg, Ostpreußen,
lebt in Rensselaer, Staat New York, USA.
Beruf/Tätigkeiten: Kaufmännische Tätigkeiten in Lübeck, Porto Alegre (Brasilien) und New York, im Ruhestand.

Pflügler, Hildegard, geb. Strauß *S. 150*
geb. 1928 in München, lebt in Garching bei München, Bayern.
Beruf/Tätigkeiten: Volksschullehrerin, im Ruhestand.
Bisherige Veröffentlichungen: „Gar nicht so lange her", Zeitgeschichte/

Familiengeschichte, MV-Verlag 2012; „Hallo, ich bin Jenny", Aus dem Tagebuch einer Yorkshire-Terrier-Hündin, Novum-Verlag 2012.

Pinsker, Margarete, geb. Kessel   *S. 170*
geb. 1929 in Bad Langensalza, Thüringen,
lebt in Rosas, Gerona, Spanien.
Beruf/Tätigkeiten: selbständige Gastronomin, seit 26 Jahren Reiseleiterin.
Bisherige Veröffentlichungen: 2002 „Das Glückspferdchen",Thüringer Allgemeine 2004; „Kerzenschein in einer neuen Welt - eine etwas andere Weihnachtsgeschichte von 1949". Erzählung in der Weihnachtsanthologie 2005; „Die Mutter - Morgens am Strand" Anthologie, „Das Gedicht lebt", RG Fischer Verlag; „Diagnose Krebs", Brentano-Gesellschaft im Jahrbuch; „Senioren schreiben Geschichten", Bd. 1 und Bd. 3, Badische Neueste Nachrichten 2006; „Wie ein junges Mädchen das Ende des Zweiten Weltkrieges erlebte"; „Abschied vom Sommer 2006", Brentano und Zeitschrift Amigo; Beiträge in „Unvergessene Weihnachten. Band 4" und in „Gegessen wird immer".

Prior, Raymonde   *S. 141*
geb. 1955 in Duisburg,
lebt in Dortmund, Nordrhein-Westfalen.
Beruf/Tätigkeiten: Erzieherin, Dipl.Designerin, als Art-Director Veröffentlichungen eigener Fotos und Werbekampagnen, jetzt in der künstlerisch-pädagogischen Kinder- und Jugendarbeit tätig.
Bisherige Zeitgut-Veröffentlichung: Beitrag in „Unvergessene Weihnachten. Band 7".

Ross, Wolfgang   *S. 99*
geb. 1929 in Berlin,
lebt in Stuttgart, Baden-Württemberg.
Beruf/Tätigkeiten: Architekt.

Solowski, Berthold   *S. 48*
geb. 1926 in Bismarkhütte, Oberschlesien,
lebt in Bad Reichenhall, Bayern.
Beruf/Tätigkeiten: Bauingenieur.
Bisherige Zeitgut-Veröffentlichung: Beitrag in „Unvergessene Weihnachten. Band 7".

Sommer, Karl-Heinz *S. 55*
geb. 1926 in Frankfurt/Oder,
lebt in Stuttgart, Baden-Württemberg.
Beruf/Tätigkeiten: Import-/Exportkaufmann, Import und Großhandel, im
Ruhestand.
Bisherige Veröffentlichungen: jagdliche Kurzgeschichten; Beiträge in
ZEITGUT Band 9, 22, in „Unvergessene Weihnachten. Band 4 und 5"
und in „Der Igel in der Weihnachtskrippe und andere Tiergeschichten".

Unterstein, Helena, geb. Schymiczek *S. 86*
geb. 1917 in Breslau, Schlesien,
lebt in Clausthal-Zellerfeld, Oberharz, Niedersachsen.
Beruf/Tätigkeiten: Kaufmännische Angestellte, im Ruhestand.
Bisherige Veröffentlichung: Beitrag in „Der Igel in der Weihnachtskrippe und andere Tiergeschichten", Zeitgut Verlag, 2012.

Wobst, Irmgard, geb. Rohde *S. 158*
geb. 1922 in Wittenberge/Elbe, lebt in Berlin.
Beruf/Tätigkeiten: Verkäuferin in einer Bäckerei, Näherin, im Ruhestand.
Bisherige Veröffentlichungen: Beiträge in Neue Post „Leser berichten",
2000 und 2001; „Der Wannsee wird 100", Berliner Illustrierte 2007; Aktion „Erzählen Sie ihre Geschichte" V. AG. Bußerlebnisse, Nürnberg 2000;
Beitrag in „Unvergessene Weihnachten. Band 6".

Täglich Krieg.
Deutschland 1939–1945
41 Geschichten und Berichte von Zeitzeugen
362 Seiten mit vielen Abbildungen,
Ortsregister, Chronologie, gebunden, Band 9
ISBN 978-3-933336-34-7, EUR 12,90

Wir wollten leben.
Jugend in Deutschland 1939–1945
41 Geschichten und Berichte von Zeitzeugen
384 Seiten mit vielen Abbildungen,
Ortsregister, Chronologie, Tachenbuch
Band 14
ISBN 3-86614-116-2, EUR 12,90

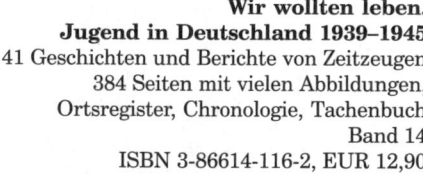

Wir sollten Helden sein.
Jugend in Deutschland 1939–1945
42 Geschichten und Berichte von Zeitzeugen
384 Seiten mit vielen Abbildungen,
Ortsregister, Taschenbuch, Band 12
ISBN 978-3-86614-176-6, EUR 10,90

Lebertran und Chewing Gum.
Kindheit in Deutschland 1945–1950
58 Geschichten und Berichte von Zeitzeugen
384 Seiten mit vielen Abbildungen,
Ortsregister, Chronologie, Band 14
gebunden, ISBN 3-933336-23-1, EUR 14,90
Taschenbuch, 978-3-86614-201-5, EUR 11,90

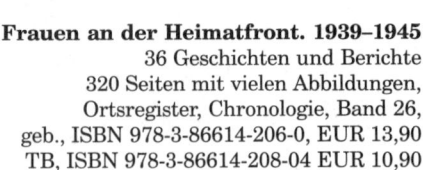

Zeitzeugen-Erinnerungen gesucht

ZEITGUT ist eine zeitgeschichtliche Buchreihe besonderer Prägung. Jeder Band beleuchtet einen markanten Zeitraum des 20. Jahrhunderts in Deutschland aus der persönlichen Sicht von etwa 35 bis 40 Zeitzeugen. ZEITGUT ergänzt die klassische Geschichtsschreibung durch Momentaufnahmen aus dem Leben der betroffenen Menschen.
Die Reihe ist als lebendiges und wachsendes Projekt angelegt. Herausgeber und Verlag wählen die Beiträge unabhängig und überparteilich aus. Die Manuskripte werden sensibel bearbeitet, ohne den Schreibstil der Verfasser zu verändern. Die Reihe wird fortgesetzt und thematisch erweitert.

Sammlung der Zeitzeugen

Die **Sammlung der Zeitzeugen** faßt autobiografische Einzelbücher zusammen, die ebenfalls das Leben in Deutschland im 20. Jahrhundert beschreiben. Die Bände ermöglichen einen tieferen Einblick in das Schicksal der Verfasser und gestatten es, deren Leben über längere Strecken zu verfolgen.

Manuskript-Einsendungen sind jederzeit erwünscht.

Zeitgut Verlag GmbH
Klausenpaß 14, D-12107 Berlin
Tel. 030 - 70 20 93 0
Fax 030 - 70 20 93 22
www.zeitgut.de
E-Mail: info@zeitgut.de